程元敏　著

春秋左氏經傳集解序疏證

臺灣學生書局印行

春秋左氏經傳集解序疏證

程元敏

春秋者，孔子手著之書也；後世尊之曰經。解此經之專著，公羊傳、穀梁傳，其顯者也；二傳之學早昌，西漢敕立學官。左氏春秋，本非解此經之專書，以所記亦每具此二百四十二年間事而尤詳，與春秋可相發明，經師引以解經，稱爲春秋左氏傳（下簡稱左傳）；其學惟漢平帝、新莽世立博士，光武帝亦嘗立之而旋廢，故有漢一代官學，左傳始終未顯。第考諸私學則不然，劉歆、鄭興創說於前，賈逵、許淑、服虔、穎容踵武於後，於是章句義理備焉。洎乎晉初，京兆杜陵杜預元凱（二二二—二八四）沈潛涵泳，窮畢生心力，著春秋左氏經傳集解（下簡稱集解）三十卷，又撰春秋釋例（下簡稱釋例）十五卷爲之輔翼，定爲國學，春秋杜學遂爲海內所共宗。

治春秋者，需讀左傳，否則春秋學不獲治矣；欲通左傳，舍杜注莫之由，舍則左傳不獲通矣；杜注之綱領條貫，具見於其春秋左氏經傳集解序（下簡稱杜序），序義明則杜注曉過半矣；杜序者，杜注之管鑰，倚閣弗理，而侈言通杜注、明經傳，斷斷乎不可也。

杜注成書於武帝太康元年三月平吳之後、預卒（太康五年）之前（據其書後序）。歷纔二十餘歲而永嘉之難起，故杜書於晉實盛於江左百一十年間。當時僅釋杜序之專著，西東晉之際即有劉寔，東晉有干寶、徐邈；而疏申杜注者尤多，更勿論矣。

杜學大行於南北朝，

北史儒林傳序：「大抵南北所為章句，好尚互有不同。江左，……左傳則杜元凱。河、洛，左傳則服子慎。」（隋書儒林傳序略同）

北史所言，大概如此而已；其實，杜學亦行於北方，

魏書儒林傳序：「晉世杜預注左氏，預玄孫坦、坦弟驥於（宋文帝）劉義隆世竝為青州刺史，傳其家業，故齊地多習之。」

「齊地」，北齊書儒林傳序作「河外」；史又及北人初習服氏學，後更治杜學者，有

北齊書儒林傳序：「河北諸儒能通春秋者，並服子慎所注。……又有姚文安、秦道靜初亦學服氏，後更兼講杜元凱所注。其河外諸生俱服膺杜氏。」（亦見北史儒林傳序，幾全同）

其間講春秋申杜或難杜或服杜學兼采者多家，專著多書，其特爲杜序注解疏證者，今知有明僧紹、賀道養、崔靈恩、田元休、沈文阿、樂遜、「舊說」、劉炫、某氏等共九家。

上述劉寔以迄某氏共十二家書，原卷久佚。玆據史傳、書志及經疏引佚文，略依時次，徵其要如下：

晉劉寔（二二〇—三一〇），平原高唐人，仕至太尉。尤精三傳，辨正公羊，撰春秋條例、公羊達義（晉書本傳、隋書經籍志）。隋志春秋左傳類又著錄「劉寔等集解春秋序一卷」，清姚振宗隋書經籍志考證（下簡稱姚考）卷六：「按：此不知何人集劉實（寔）等諸家所解爲是書，亦或取其條例、達（達？）義之序而集解之。」敏案：杜序唐孔穎達正義（下簡稱正義）：「晉太尉劉寔，與杜同時人也；宋大學博士賀道養，去杜亦近，俱爲此序作注。」則寔注杜序，後世合諸家之杜序注與共卷，爲「集解春秋序」，而寔作最早，故題「劉寔等」。姚考誤也。正義又曰：「劉寔分變例、新意以爲二事。」即出其注春秋序，諸家皆未輯佚，當補錄收。

晉干寶（元帝前後人），新蔡人。著春秋左氏義外傳（晉書本傳）敏案：隋志著錄作春秋左氏函傳義。。隋志春秋左傳類另著錄其春秋序論二卷，次劉寔等集解春秋序後，是亦類似之作。書盡佚。

晉徐邈（三四四—三九七），東莞姑幕人。侍孝武帝，雖口不傳章句，然開釋文義，標明旨趣，撰正五經音訓（晉書儒林本傳）。隋志著錄其春秋左氏傳音三卷，今佚。清馬國翰玉函山房輯佚書收其「春秋徐氏音」佚文多節，惟未見釋杜序者孑遺，然確嘗爲之音釋，正義：「徐邈以晉世言五經音訓，爲此序作音。」足證。

南朝齊田僧紹字儁之，馮翊人。釋文序錄：「田儁之（陸氏自注：字僧紹，馮翊人，齊東平太守。）注儀禮。」字僧紹，殆誤，隋志：「集解喪服經傳，齊東平太守田僧紹解。」舊唐志：「喪服紀，田僧紹注。」新唐志：「田僧紹儀禮注。」均作名僧紹，是。杜序正義：「有田僧紹者，亦注此序，以爲序言『諸稱』，『稱』亦是新意，與下七者合爲八名。」則字儁之。南朝四史及南史未著此人。

南朝宋賀道養，會稽山陰人，正史不爲立傳。考道養爲晉司空循之孫，宋元嘉初太學博士道期之弟，亦爲太學博士：宋書列傳第十五末史臣曰：「會稽賀道養，……託志經書，見稱於後學。」又卷六八南郡王劉義宣傳「會稽賀道養，……爲興安侯義賓所表薦」。南史賀瑒傳：「瑒……會稽山陰人，晉司空循之玄孫也。世以儒術顯，伯祖道養，工卜筮。」隋志子部道家：「梁有賀子述言十卷，宋太學博士賀道養撰。」又集部別集：「梁有宋賀道養集十卷。」（清嚴可均全宋文卷四二謂道養是道期弟）杜序正義謂「宋大學博士賀道養爲此序作注」（已詳上劉寔卷引），正義又載劉炫春秋左傳杜預序集解注曰：「故賀、沈諸儒皆悉同。……賀、沈諸儒皆以爲經解之。」則炫集賀、沈注杜序之文甚確（參看下「舊說」及「劉炫」卷）。正義又引賀氏解杜序「錯舉春秋」云：「春貴陽之始，秋取陰之初」云云共七十三字。隋志春秋左傳類著錄「春秋序一卷，賀道養注」，即此書也。輯佚諸家皆缺收，當補錄佚文。

　梁崔靈恩，清河武城人。精三傳，仕魏爲太常博士，歸梁爲國子博士。先習左傳服解，不爲江東所行，乃改說杜義，常申服難杜。著左氏條義、左氏經傳義、左氏條例（梁書儒林本傳；南史儒林本傳同，清河作河東）。隋志春秋左傳類著錄「春秋序一卷，崔靈恩撰」撰，當作注，次賀注後、田注前；彼申服難杜之要旨，蓋略見於此編。書盡佚。

　□田元休，隋志春秋左傳類著錄曰：「春秋序一卷，田元休注。」次崔靈恩後，當是同類之作。國立中央圖書館編中國歷代藝文總志頁二〇〇據以著錄曰：「按：疑爲北朝人。」殆據姚考，彼考曰：「田元休始末未詳，按：北史儒林傳（敏案：在「序」內。）徐遵明弟子有田元鳳。或其昆季行。」敏案：元鳳從遵明業三禮。唯「河北諸儒能通春秋者，……亦出徐生之門」（亦北史儒林傳序），但所列門人中通春秋者無田氏。書盡佚。

　陳沈文阿（五〇三—五六三）字國衞，吳興武康人。治三傳，尤明左氏。梁太清中自國子助教爲五經博士，紹泰元年爲國子博士（陳書儒林本傳、梁書儒林沈峻傳）。撰春秋義、經典大義（南史儒林本傳）。隋志著錄其春秋左氏經傳義略二十五卷（唐陸德明經典釋文（下簡稱釋文）序錄書名作春秋義疏，云：「闕下袟，陳東宮學士王元規續成之。」）。孔穎達春秋正義序：「晉、宋傳授，以至于今，其爲義疏者則有沈文何，（敏案：釋文同。史傳皆作阿，隋志同史傳，茲從之。）……。然沈氏於義例粗可，於經傳極疎。」杜序重在發例，而文阿長於春秋義例，故應有討論杜序之專著，觀陸、孔所引，信然：釋文：「春秋序，此元凱所作。……沈文何（阿）以爲釋例序。」指杜序而言是杜氏它作春秋釋例之序，則沈氏之議專爲此杜序發矣。正義於杜序「左丘明受經於仲尼」云云引「沈氏云」贊同丘明因經作傳（詳下疏證注十三），又於「微顯闡幽」云云載劉炫春秋左傳杜預序集解注兩稱「賀、沈」諸儒。夫炫所集爲賀、沈諸家注杜序之文（參看下「舊說」及「劉炫」卷），則文阿剋就杜序本文論列是非矣。是彼誠有杜序義疏，或所論爲其春秋左氏經傳義略中之首篇，亦未可知。沈氏春秋學專著，玉函山房輯佚書輯六十一節。

北朝周樂遜（五〇〇—五八一），河東猗氏人，從徐遵明習左傳，講授服注，撰左氏春秋序論。又著春秋序義，通賈、服說，發杜氏違，辭理並可觀（周書儒林本傳、北史儒林本傳）。其序論、序義二書（清朱彝尊經義考卷一七五並著錄）盡佚；後者殆討論杜序之作，主賈、服，發杜失。

□舊說，杜序正義於「微顯闡幽」云云下，先引「舊說云」一大段，繼云「賀、沈諸儒皆悉同此」，是此「舊說」似發生於賀道養、沈文阿立說之前；後引劉炫說又一大段，用證「舊說」之非（參看下疏證注十八）。而此二大段合所謂舊說與劉炫等說，清劉文淇左傳舊疏考正卷一以爲悉皆炫之「述議語」，則「舊說」乃述自炫口，當次炫「春秋左傳杜預序集解注」之前，而同爲討論杜序之作，故炫集之、合以注解杜序，是也。

隋劉炫字光伯，河間景城人。自言春秋服、杜兩家竝堪講授。除太學博士。撰春秋述議四十卷（北史儒林本傳、隋書儒林本傳，隋志著錄議作義）。隋志著錄其春秋左傳杜預序集解注一卷。杜序正義引炫說兩條：一在「周禮有史官」云云下，自「周禮諸史」至「非官名也」共四百餘字；一在「其微顯闡幽」云云下，自「此下至曲而暢之」至「謬失杜旨」共五百餘字（從左傳舊疏考正卷一定）。後一條集賀道養、沈文阿之杜序解而復說之，明稱賀、沈諸儒，則源出其春秋左傳杜預序集解注一書尤顯（參看上賀、沈二家卷）。

□某氏，撰春秋序義疏一卷，隋志春秋左傳類著錄，殆合前人注杜序文於一編而疏之。稱「義疏」，六朝人習尚。書盡佚。

附識：上論劉、干、賀、崔、田、劉炫六家書，姚考曰：「按：自劉寔（寔）等至此，皆左氏序論注解之屬，似多從本書析出以充數。」敏案：杜序自集解卷端析出單行，晉、宋已然（詳下疏證注一）。六家者以其文重要，特為注說別行，不必便謂從各家本書析出充數者；矧二劉、干、崔別著左傳學專書，斯猶得臆度彼等之杜序注或自各本書析出，第若賀、田別無左傳學專著，其春秋序注決係單行。姚考未盡是也。

又識：或問：隋志著錄賈逵、服虔、王肅、董遇漢魏諸儒左傳注，亦必各有其序，至唐猶存，安知上述劉、干等十二家所注春秋序非為賈、服等序作注乎？應之曰：賈、服有序，殆若何休公羊序、范甯穀梁序然，大抵略陳斯學源流，排擊異端，並申撰著經過，淺露簡小，毋庸特為注說，故隋志公穀類絕無著錄序注。至於杜序，論經傳著成，探窮始末；言舊凡新例，昔所未有；既評左氏先儒，又及二傳得失；更設或問，剋就春秋要義，往復辯詰。義理宏深，涵彙萬方，故注家輩出；專書多列於錄者，皆非注說賈、服序，於事有徵，於理亦可通也。

杜氏左傳學，至隋而大盛，南北絕多宗之。陸德明撰經典釋文，春秋主杜注，音義首及杜序，標示音切、簡釋字義，校讀異文，而於闡發義蘊、推溯源流，則闕若。唐洎太宗敕孔穎達等修五經正義，左傳據杜，高宗永徽四年頒行，杜注孔疏遂定於一尊。正義亦首釋杜序，其爲篇也，彙收六朝舊疏，而復申其義，動輒數百言。第以余考之，其失有六：一多刪取舊疏成章，紛然雜陳，文氣時而不貫，折衷費力；二偶有疏誤；三理據未盡堅實，文辭或欠明確；四不當繁而繁，令學者無所適從；五舉經傳事證未周，初學猝難通曉；六考鏡經學源流用力尚少，序之奧義不及弘宣。

正義以後，唐代惟陰弘道作春秋左氏傳序一卷（新唐書藝文志（下簡稱新唐志），宋史藝文志（下簡稱宋志）著錄作陰洪道注春秋敘一卷），豈不滿杜序正義，爲補苴匡誤而作者歟！自茲以降，迄於清社既覆，注左治杜者專書見存者非尠，乃兼爲杜序疏證共卷者竟無一書一篇；經籍藝文公私書志諸所錄列，亦不及春秋序注一目。民國肇建以來，諸家論春秋經傳，考仲尼脩經丘明傳受，或擇取杜序以爲依據；評發凡新舊，歆莽竄僞，或節引序文以爲誅伐口實。及其扶匡正義，宣暢元凱者，乃亦無有。彌近有楊伯峻者，著春秋左傳注（下簡稱楊注），稱爲巨袟，不爲杜序贊一辭；其徒沈玉成依以語譯，始隱終哀，譯筆亦不及杜序。彼東瀛明治間，竹添光鴻作左傳會箋，傳梓久而廣，首列杜序全文而箋之。大抵抄撮正義，又沒其所本。序之隱奧難通者，大段置之不顧。又體會正義未深，致援用不當，箋失其宜。李宗侗玄伯先生春秋左傳今註今譯，初梓至今行已二十年，卷末附錄杜序，語註語譯，倚文釋詞，旨在饜飫社會大衆，語章明杜旨、詮證孔疏，則未逮也。近人葉政欣氏著春秋左氏傳杜注釋例（下簡稱杜注釋例），戮力討治杜氏義例；釋疏杜序全文，則未遑也。正義既不免疵纇，劉寔等序注又佚，新疏復闕如，此余「春秋左氏經傳集解序疏證」之不可不作也。

本篇疏證杜序，序原文據唐石經本一千六百一十字，不含標題。，分爲十二段略依正義，大書頂格；段有段旨，緊隨文後。其下爲「疏證」文，敘次三十四注，小書低一格；每注一節，節亦立其旨。

注下又因論說對象文意需要，斷爲數截，兩截間例空一格；亦頗作提行，用便省檢。思爲經傳注疏之功臣，綆短汲深，奢望而已。專家幸有以教我！

春秋左氏經傳集解序㈠

春秋者，魯史記之名也㈡。記事者，以事繫日，以日繫月，以月繫時，以時繫年，所以紀遠近、別同異也㈢。故史之所記，必表年以首事；年有四時，故錯舉以爲所記之名也㈣。

以上第一段：一序題討治；二言「春秋」爲古史書之名及其取意。

【疏證】

㈠**春秋左氏經傳集解序**：此節正定本序原名，並論其別卷單行。此序之名，釋文卷十五春秋音義一（下引同）：「春秋序，此元凱所作，既以解經，故依例音之。本或題爲春秋左傳序者；沈文何以爲釋例序，今不用。」杜序正義：「此序題目，文多不同，或云春秋序，或云左氏傳序，或云春秋經傳集解序，或云春秋左氏傳序。案：晉、宋古本及今定本並云春秋左氏傳序，今依用之。」斂案：題爲春秋序者，遠如上述劉寔等集解春秋序、干寶春秋序論、賀道養春秋序注、崔靈恩春秋序（注）、田元休春秋序注、樂遜春秋序義及某氏春秋序義疏，近如釋文及其所據本，後如宋相臺岳氏本及清嘉慶二十年南昌府學重刊宋本左傳注疏本。題春秋左傳序者，如上述劉炫注春秋左傳（杜預）序集解。清阮元春秋左傳注疏校勘記引據各本目錄所載閩本、監本、重脩監本、毛本竝題春秋左傳注疏，則其序應名春秋左傳序。題左氏傳序，僅見此正義引及，溥考有俟它日。題春秋左氏傳序者，孔穎達所稱晉宋古本、唐顏師古所撰「定本」、正義及其所據本之外，猶有後之陰弘道春秋左氏傳序注及唐開成石經本。題春秋經傳集解序者，不僅見此正義引、正義卷二題云「春秋經傳集解」，又春秋左傳注疏校勘記引據各本目錄所載中有五宋本題春秋經傳集解者，則其序應名春秋經傳集解序。然而此書完全而正確之名，當題「春秋左氏經傳集解序」。何則？杜書全名爲春秋左氏經傳集解（詳下注二七），則序此書當名春秋左氏經傳集解序，斷無可易。異乎此名者，咸出於省改，失其本眞，且滋誤解，今皆不用。　此序原僅弁杜氏春秋左氏經傳集解卷首，正義：「晉、宋古本序在集解之端。」杜氏「後序」則在集解之末（清嘉慶南昌府學重刊宋本有之。阮元校勘記：「宋本正義、淳熙經注本、明萬歷監本注疏，並載此序。」），理固然也。夫既云「晉、宋古本在集解之端」，則必有此序不在集解卷端之單行今本矣；上述劉、干、賀、崔、田、樂、劉、某氏注春秋序，即據單行本杜序，或自集解卷端抽出單行施注者；且前三子是晉、宋人，則離集解而別行之杜序，晉、宋之世已有之矣。左傳舊疏考正一：「孔沖遠序云『據劉炫爲本』，則此序亦必據劉炫矣。注春秋序者，古皆單行敏案：彼下擧隋志所著錄劉賀劉三家春秋序注，茲從省。，是則劉炫注本自單行，唐人引以列集解之端耳。」又曰：「疏云『晉、宋古本序在集解之端』，不云『依用』，則本不在集解端矣。」敏案：炫有春秋述義，正義經傳不必定含杜序據焉，故孔穎達春秋正義序曰「今奉勑删定，據以爲本」，無疑。惟炫「春秋左傳（杜預）序集解注」原爲單行，正義未必便據之，且正義本題「春秋左氏傳序」，不與炫注本同，強謂此據彼，非也。又正義於此不過述古本杜序在集解之端，用確證此序原非春秋釋例之序，非爲明板本而立說，故下文不云「依用」，文淇以證正義本卷首之杜序原不在集解端，求之過深矣。矧考孔穎達春秋正義序明言「正義凡三十六卷」，新唐志、宋歐陽脩崇文總目、宋晁公武郡齋讀書志、宋鄭樵通志略藝文略、宋陳振孫直齋書錄解題及宋志竝著錄此書三十六卷，而今傳單疏本（日本昭和六年東方文化學院據正宗寺舊鈔單疏本影印）卷一爲「春秋左氏傳序正義」（驗即杜序正義），卷二以下共三十五卷乃爲經傳正義，是杜序正義向列正義全書之卷一。文淇臆度，非也（舊唐志著錄作三十七卷殿本、四庫本、百衲本舊唐書咸同。，多一卷，疑以正義序與進書表爲一卷）。此杜序或誤爲杜氏春秋釋例序者，釋文：「沈文何以爲釋例序。」正義則述之且辯其失曰：「南人多云此本釋例序，後人移之於此，且有題曰春秋釋例序，置之釋例之端，今所不用。晉太尉劉寔，與杜同時人也；宋太學博士賀道養，去杜亦近，俱爲此序作注，題並不言釋例序，明非釋例序也。又晉、宋古本序在集解之端，徐邈以晉世言五經音訓，爲此序作音，且此序稱『分年相附，隨而解之，名曰經傳集解』，是言爲集解作序也；又『別集諸例，從而釋之，名曰釋例，異同之說，釋例詳之』（參見下注二八），是其據集解而指釋例，安得爲釋例序也？」敏案：正義舉劉、賀注杜序，卷中引其佚文合共四事；又舉徐氏爲此序作音，雖未見舉佚文，然邈本傳謂彼「撰正五經音訓」，考彼不但爲五經音訓，亦爲五經注音訓。杜序如同春秋經傳之注，依徐書體例，固亦爲之音訓（一若後之陸氏釋文之於此序及公羊何序、穀梁范序音義然），而不爲三家釋例作音。則劉、賀、徐三子所注所音訓者，集解序也。又爲杜序注解者，尚有干寶、明僧紹、崔靈恩、田元休、樂遜、劉炫，凡有專書皆題曰春秋序云云，向不曰春秋釋例序（說併分詳上述各家卷）。沈氏見杜序多重義例，遂誤爲釋例之序（參上沈氏卷）。晉書杜預本傳：「預爲春秋左氏經傳集解，又參攷衆家譜第，謂之釋例。」論釋例文與此序「又別集諸例至名曰釋例」契合。矧此序雖亦大段言義（自「其發凡」至「紀備矣」），然綜述春秋經傳義例，究非如釋例一書專爲釋諸例而作。據此，集解、釋例各自爲編，集解序不可移置釋例卷端，明矣。今傳刻清四庫輯抄永樂大典本春秋釋例（清莊述祖、孫星衍同校），端末並無杜預序文。有杜乾光者惜釋例無序，病淺人移集解序以充，因撰春秋釋例引序一卷（隋志著錄杜預春秋釋例，於其下自注曰：「梁有春秋釋例引序一卷，齊正員郎杜乾光撰，亡。」姚考曰：「杜乾光始末未詳，似即杜鎮南玄孫坦及驥之後，北史儒林傳序所謂『傳其家業，齊地多習之』者也。」），則裔孫追孝先祖之作。第余考釋例本無序，蓋以「終篇」代序（古多以序繫全書之末，史記自序在第百卅篇，末；漢書敘傳在卷第一百，亦末：其顯者也。）、其文有與集解序雷同者，則此集解序與彼「終篇」分別，晉、宋古本置之於集解之端，釋文、正義、唐石經、宋本等從之是，沈等以爲釋例序，固失，而杜氏祚胤補作，亦非必要也。

㈡**春秋者，魯史記之名也**：此節論魯史記名春秋。　春秋，書籍之通名：漢書藝文志（下簡稱漢志）諸子略著錄李氏春秋、虞氏春秋，隋志著錄晏子春秋，皆在儒家；呂氏春秋，兩志並繫雜家；又兵春秋，見著於漢志兵權謀。史籍名春秋者尤常，管子法法：「……故春秋之記，臣有弒其君，子有弒其父者。」墨子明鬼下：「當是之時，周人從者莫不見，遠者莫不聞，著在周之春秋。……著在燕之春秋。……著在宋之春秋。……著在齊之春秋。」國語晉語七：「羊舌肸習於春秋。」又楚語上：「申叔時曰：教之（太子葳）春秋，而爲之聳善而抑惡焉，以戒勸其心。」戰國策燕策蘇代云：「今臣逃而奔齊、趙，始可著爲春秋。」又樂毅云：「賢明之君，功立而不廢，故著於春秋。」是周、齊、燕、宋、晉、楚、趙記事之史，皆曰春秋，故墨子又云吾見百國春秋（隋書李德林傳、史通六家篇竝引）。魯史記是爲魯春秋，左傳昭公二年：「韓宣子來聘，……觀書於大史氏，見易象與魯春秋。」孟子曰：「晉之乘、楚之檮杌、魯之春秋，一也。其事則齊桓晉文，其文則史。」（離婁下）韓非子內儲說上：「魯哀公問於仲尼曰：『春秋之記曰：「冬十二月霣霜不殺菽，何爲記此？」』」禮記坊記：「……故魯春秋記晉喪曰：『殺其君之子奚齊及其君卓。』……魯春秋猶去夫人之姓曰『吳』，其死曰『孟子』卒。」記桓文、晉喪、吳孟子、哀公問及韓宣子聘，因及魯春秋，皆孔子前事，則魯國舊史，果名春秋。其後，孔子據以脩「春秋」，後人尊稱爲「春秋經」，而魯史記舊文，或別稱之爲「不脩春秋」（詳下注十）。當時國史何以取「春秋」爲史書名，詳下注四。

(三)**記事者**至**同異也**：此節明史官記事之法。繫，連綴也。史官記事常法：先記年，次記月，後記日，日下爲所記之事，最居後焉。茲以孔子春秋經爲例，聊明舊日史官記事之體，「隱公三年春王二月己巳，日有食之」、「二年秋八月庚辰，公及戎盟于唐」，隱公三年、二年，年也，始書於上；春、秋，時也，綴年下；二月、八月，月也，綴時次；己巳、庚辰，日也，綴月後；年時月日既盡書，乃記其事——日食、公及戎盟。是也。所以必如此者，正義：「於此日而有此事，故以事繫日；月統日，故以日繫月；時統月，故以月繫時；年統時，故以時繫年，所以紀理年月遠近，分別事之同異也。」又曰：「紀遠近者，前年遠於後年，後月近於前月；異其年月，則遠近明也。別同異者，共在月下，則同月之事；各繫其月，則異月之事，觀其月則異同別矣。」

㈣故史之所記至名也：此節闡國史名「春秋」之意。表，顯也。首，始也。錯，交錯也。表年以首事，謂記事之始，必最先顯示其事發生之年，正義：「事繫日下，年是事端，故史之所記必先顯其年以為事之初始也。」而年有春夏秋冬四時，舉春秋以為書名者，正義：「年有四時，不可偏舉四字以為書號，故交錯互舉取春秋二字以為所記之名也。春先於夏，秋先於冬，舉先可以及後，言春足以兼夏，言秋足以見冬，故舉二字以包四時也。……詩魯頌云：『春秋匪解，享祀不忒。』鄭箋云：『春秋猶言四時也。』是舉春秋足包四時之義。」自來討論經史曷為名春秋者甚多，竊謂此杜序孔疏說最近是。楊注「前言」考之經書（詩、周禮、禮記、左傳），知「古人於四季中，較多的重視春、秋二季，所以經常把春秋二字連用。」因而頗韙杜序之說。

周禮有史官，掌邦國四方之事，達四方之志，諸侯亦各有國史㈤。大事書之於策，小事簡牘而已㈥。孟子曰：楚謂之檮杌，晉謂之乘，而魯謂之春秋，其實一也㈦。

以上第二段：論王朝及封國皆有史官；其記事也，簡、策異用。

【疏證】

㈤**周禮有史官**至**亦各有國史**：此節言周王朝及諸侯國皆有史官掌記事。周禮有史官，天官冢宰有女史，春官宗伯有大史、小史、內史、外史及御史，凡六史。小史「掌邦國之志」，內史「凡四方之事書，內史讀之」，外史「掌書外令，掌四方之志，……掌達書名于四方」；杜序周禮史官掌邦國、四方之事云者，謂此三史。周天子之史官，其它經典如尚書亦見載，金縢「史」與立政、顧命「太史」及洛誥「作册（史）」。周諸侯史官，如尚書立政言各國立「太史」，左傳載魯有「大史克」（文公十八年）、鄭有「大史」（襄三十）、齊有「大史書崔杼弒君」（襄二五）、晉有「大史書趙盾弒君」（宣二）、衞有「大史」（閔二），其它宋、郳、虢、莒、薛皆有太史（或僅作「史」）。近人席涵靜周代史官研究，廣據書本及器物文獻，考周王室及魯齊等共十五國諸侯設置史官十餘種之多（原書頁一九八—一九九附表四）。惟正義斷古諸侯國無內史，云：「劉炫以爲：『尚書周公封康叔，戒之酒誥，其經曰『大史友、內史友』。如彼言之，似諸侯有大史、內史矣。但偏檢記傳，諸侯無『內史』之文。……」（左傳舊疏考正卷一以爲：此段文皆炫語，「如彼」之彼指康誥文，非孔穎達指炫之言也。甚是，茲從之。）敏案：韓非子十過：「由余出，（秦穆）公乃召內史廖而告之曰：……內史廖曰：……乃使史廖以女樂二八遺戎王。」（事又略見呂氏春秋壅塞篇與不苟篇、韓詩外傳九、說苑反質篇：史記秦本紀瀧川資言考證）戰國策秦策三：「應侯謂昭王曰：『……其令邑中自斗食以上至尉、內史及王左右有非相國之人者乎？……』」是諸侯秦置有內史，上承西周成王世諸侯衞國之舊，故酒誥曰「內史友」，王戒衞君（康叔）劼毖其所屬諸內史之辭也。劉炫、正義竝失考。

㈥**大事**至**而已**：此節言所記簡、策之異。策，釋文：「本又作册。」說文策段注：「經傳多假策爲册。」是册爲策之本字。册篆作𠕋，說文：「象其札一長一短，中有二編之形。」簡，說文：「牒也。」段注：「片部曰：牒，札也。木部曰：札，牒也。按簡、竹爲之，牘（說文：書版也）、木爲之，牒、札其通語也。」是編竹札爲册，亦得謂編竹簡爲册，而編木牘固亦爲册也。故正義曰：「……由此言之，則簡、札、牒……，同物而異名，單執一札謂之爲簡，連編諸簡乃名爲策。」此或依儀禮聘禮，謂字多書於策，字少書於簡牘，正義不然，其云：「此言大事小事，乃謂事有大小，非言字有多少也。大事者，謂君舉、告廟及鄰國赴告經之所書，皆是也。小事者，謂物不爲災及言語文辭傳之所載，皆是也。……杜所以知其然者，以隱十一年傳例云『滅不告敗，勝不告克，不書于策』，明是大事來告載之策書也。策書不載，丘明得之，明是小事傳聞記於簡牘也。」

(七)**孟子曰**至**一也**：此節論晉楚魯國史書名異同。　杜述孟子離婁下文，頗有增改，孟子原文已見上注二。漢趙岐孟子注謂乘、檮杌、春秋爲晉、楚、魯三大國史記之名。其曰乘曰檮杌者，趙注：「乘者，興於田賦乘馬之事，因以爲名。檮杌者，嚚凶之類，興於記惡之戒，因以爲名。」檮杌，顓頊之子，嚚頑，見文十八左傳。夫晉、楚之史書，亦竝名春秋（參看上注二），而此又稱乘、檮杌者，正義曰：「春秋是其大名，晉、楚私立別號，魯無別號，守其本名。」

韓宣子適魯，見易象與魯春秋，曰：「周禮盡在魯矣！吾乃今知周公之德與周之所以王。」韓子所見，蓋周之舊典禮經也(八)。

以上第三段：明魯春秋有周公遺法。

【疏證】

(八)**韓宣子**至**禮經也**：方見段旨，同。　晉國卿韓起（卒謚宣子）魯昭公二年（西元前五四〇）來聘，觀書於大史氏云云（見左傳）。易象：易，周易也。周易六十四卦皆由以觀象，易繫辭上：「聖人設卦觀象，繫辭焉而明吉凶。」又下：「八卦成列，象在其中矣。」又：「是故易者象也。」又：「八卦以象告。」（八卦重疊成六十四卦，則皆以象告。）：此明卦畫爲易象。六十四卦下之辭——卦辭、三百八十四爻下之辭——爻辭，各稱爲象辭，左昭二杜注：「易象，上下經之象辭。」象辭，杜意指卦辭（如乾「元亨利貞」之倫）及爻辭（如坤初六「履霜，堅冰至」之類），正義曰：「易有六十四卦，分爲上下二篇，……後世謂……本文爲經，故云『上下經』也。易文推演爻卦，象物而爲之辭，……是故謂之易象。」此明卦辭、爻辭爲易象。卦畫、卦爻辭竝是易象，但自卦畫不克知周禮，故此易象特指作於西周初之卦、爻辭也。卦、爻辭則多記周朝禮度。若夫十翼，成於戰國以後，左傳作者尚不及見，韓起安得而稱述之？至若清沈彤春秋左傳小疏曰：「象，謂六官所布於邦國者，若治象、教象之類。葢布治、布教，則必幷其象而布之，（左哀三）桓僖廟災，命藏象（下尚有魏字，沈氏缺引。）曰『舊章不可忘』，明魯有所布之象也。……象者，六官所縣於象魏，此……周之禮也。」楊注云從宋王應麟困學紀聞卷六，亦是易、象分讀，謂此象即象魏，亦名象闕、魏闕，省稱曰「象」；周禮天地夏秋四官公布治象、教象、政象、刑象。象即魯國歷代政令。斂案：象，示也，即今「公布」，尚書堯典「象以典刑」，將國家經常刑典公布之也。公布刑政命令於魏（巍）闕，故曰「象魏」，申爲名詞，左哀三杜注：「周禮『正月，縣教令之法于象魏，使萬民觀之，故謂其書爲『象魏』』。」單獨一「象」字，典籍絕無作「政令」義者；矧「象」果爲「魯國法令」，則句當作「見易與魯象、（魯）春秋」。沈、楊說失誼之正矣。魯春秋，即魯國史記（參看上注二）。宣子見易經、春秋而歎周禮盡在魯，是謂二書載周家禮（典章制度），燦然大備，而皆周公所制（見尚書洛誥、左傳、尚書大傳，有明文），故宣子終曰「吾乃今知周公之德與周之所以王也」。第杜注祇偏以魯春秋當周禮，云：「魯春秋，史記之策書，春秋遵周公之典以序事，故曰周禮盡在魯矣。」故杜序下文「韓子所見，蓋周之舊典禮經也」，亦目魯春秋爲周禮，正義從申之曰：「序言史官所書舊有成法，故引韓子之事以此言結之。韓子所見魯春秋者，蓋是周之舊日正典、禮之大經也。……知是舊典禮經者，傳於隱七年書名例云『謂之禮經』，十一年不告例云『不書于策』，明書於策必有常禮。未脩之前，舊有此法，韓子所見而說之，即是周之舊典。……制禮作樂，周公所爲，明策書禮經亦周公所制，故下句每云『周公』，正謂五十發凡是周公舊制也。」據此，杜謂魯史記之策書，有周公舊法，容或有之，陳槃先生左氏春秋義例辨（下簡稱義例辨）「綱要」頁三：「（韓宣子）見易與春秋而推知周公之德與禮，可見春秋爲周公遺法矣。……韓氏所指者舊史春秋。魯舊史爲周公遺法，此無可疑也。」至杜言孔子脩春秋亦遵周公遺法，則有待商榷（詳下）。

周德既衰，官失其守，上之人不能使春秋昭明，赴告策書、諸所記注，多違舊章(九)。仲尼因魯史策書成文，考其眞僞，而志其典禮。上以遵周公之遺制，下以明將來之法(十)。

以上第四段：論孔子所以作春秋及垂法後世之意。

【疏證】

(九)**周德既衰**至**多違舊章**：此節言孔子脩春秋之緣由——史策失宜。官失其守，謂史官失職，正義：「雖廣言衆官失職，要其本意，是言史官失其所掌也。」上之人昭明云云，左傳昭三一：「故曰春秋之稱微而顯，婉而辨，上之人能使昭明，善人勸焉，淫人懼焉。」杜序遣詞取義於此，且注曰：「上之人，謂在位者；在位者能行其法，非賤人所能。」史官失職，記注多違章，赴告之策書，其顯者也。赴，說文：「趨也。」段注：「聘禮『赴者未至』、士喪禮『赴曰君之臣某死』，注皆云『今文赴作訃』。襍記作訃不作赴者，禮記多用今文禮也。左傳作赴者，……以古文，故與古文禮同也。」是赴同訃，告喪曰訃（見禮記雜記）。赴、告通用，告喪亦曰告，正義：「文十四年傳曰『崩薨不赴，禍福不告』，然則鄰國相命，凶事謂之赴，他事謂之告，對文則別，散文則通。昭七年傳『衞齊惡告喪于周』，則是凶亦稱告也。」赴告之違舊章者，正義：「若隱三年平王以壬戌崩，赴以庚戌，桓五年陳侯鮑卒，再赴以甲戌、己丑，及不同盟者而赴以名，同盟而赴不以名之類是也。」敏案：隱三春秋經「三月庚戌，天王崩」，左傳：「三月壬戌，平王崩。赴以庚戌，故書之。」杜注：「實以壬戌崩，欲諸侯之速至，故遠日以赴。春秋不書實崩日而書遠日者，即傳其僞以懲臣子之過也。」正義引釋例曰：「天王僞赴，遂用其虛。明日月闕否，亦從赴辭。」杜謂平王實壬戌日崩，赴告策書則早記十二日爲庚戌日崩，而春秋經爲懲臣子（當指史官）之過，故從虛——赴辭所記。其說是非，見義例辨卷八頁一、二，此不暇具論。又桓五春秋經「正月甲戌、己丑，陳侯鮑卒」，左傳同，繼云：「再赴也。於是陳亂，文公子佗殺太子免而代之。公疾病而亂作，國人分散，故再赴。」甲戌後十六日爲己丑，傳釋陳桓公卒兩次赴告之故。公、穀則謂陳侯甲戌出走，己丑乃得其屍，因不能確知卒日，故舉首尾二日以包之。辨見義例辨卷四頁十七、十八。又左隱七年：「春，滕侯卒，不書名，未同盟也。凡諸侯同盟，於是稱名，故薨則赴以名。」左昭三年：「正月丁未，滕子原卒。同盟，故書名。」據「未同盟則赴不書名」，則「不同盟而赴以名者」爲違舊章；又據「同盟赴則書名」，則同盟而赴不以名者爲史官失職。上述陳與魯不同盟而經書鮑名，杜注：「未同盟而書名者，來赴以名故也。」夫不當書名而赴告之策書書之，此史官失守也。唐趙匡曰：「據春秋，諸侯卒不同盟者凡五十二人，九人不書名。」（唐陸淳春秋集傳纂例卷三頁十引，辨見義例辨卷四頁十八——二十）

㈩**仲尼因魯史**至**將來之法**：此節言孔子作春秋及垂法之意。　魯史策書成文，即魯史記（已詳上注二）。孔子據魯春秋脩作春秋，分別見於三傳，左傳僖二八：「是會也，晉侯召王，以諸侯見，且使王狩。仲尼曰：『以臣召君，不可以訓。』故書曰：『天王狩于河陽。』言非其地，且明其德也。」正義：「此傳稱仲尼之語，即云書曰，明是仲尼新意，非舊文也。」另成十四傳、昭三一傳亦竝有說。公羊傳莊七：「夏四月辛卯夜，恆星不見。夜中，星霣如雨。……列星不見，何以知夜之中？星反也。……不脩春秋曰：『雨星不及地尺而復。』君子脩之曰：『星霣如雨。』何休注：「不脩春秋，謂史記也。古謂史記爲春秋。」王充曰：「君子者，謂孔子也。」（見論衡藝增篇，說日篇同）古本公羊傳哀公十四年：「十有四年春，西狩獲麟。何以書？記異也。今麟非常之獸。其爲非常之獸柰何？有王者則至，無王者則不至。然則孰爲而至？爲孔子之作春秋。」（杜序下文正義引晉孔舒元（衍）傳本公羊傳）（參見下注二九）。另隱元傳、閔元傳、昭十二傳亦竝有說。穀梁傳桓二年、僖十九年，亦竝有說（以上一部分參看時賢張以仁先生孔子與春秋的關係問題商榷第二節，下引出同文。）。孟子亦有明文，滕文公下：「孟子曰：……世衰道微，邪說暴行有作，臣弒其君者有之，子殺其父者有之。孔子懼，作春秋。……」（離婁下亦有類似之文）漢以下謂孔子作春秋者甚多，不煩具述。　孔子之春秋，後世尊名爲春秋經，大約起於戰國晚葉，見禮記經解、莊子天運，竝稱詩書禮樂易春秋爲六經。公穀二傳作者竝以春秋爲經，而二家自爲解經之書。漢儒習稱五經，易書詩禮春秋經也。漢志六藝略春秋類首著錄「春秋古經十二篇，經（即今文經）十一卷」，其後乃錄三傳。漢石經亦列春秋爲一經。由孔子脩作之春秋稱經，魯春秋遂有不脩春秋之名（參看上注二，又見上引莊七年公羊傳）。志其典禮，謂記識魯史記舊禮；此舊禮爲周公遺法，孔子述之而已（參看上注九）。以明將來之法，正義：「後代人主誠能觀春秋之文，揆當代之事，辟所惡而行所善，順褒貶而施賞罰，則法必明而國必治，故云下以明將來之法也。不教當時而爲將來制法者，孔子之時，道不見用，既知被屈，冀範將來。」杜、孔所說，即漢人言春秋爲漢制法之意，清皮錫瑞經學通論卷四頁十一：「漢人又多言春秋爲漢制法（中引讖緯文，從省），以此數文言之，春秋爲漢制明矣。……東平王蒼曰：『孔子曰：「行夏之時，乘殷之輅，服周之冕。」爲漢制法。』王充論衡（程材篇）曰：『夫五經亦漢家之所立，儒生善政大義皆出其中。董仲舒表春秋之義，稽合於律，無乖異者。然則春秋漢之經，孔子制作垂遺於漢。』孔子曰：『文王既沒，文不在茲乎？』文王之文，傳在孔子。孔子爲漢制文，傳在漢也。仲任發明春秋義甚暢。……春秋爲後王立法，雖不專爲漢，而漢繼周後，即謂爲漢制法，有何不可？」

其教之所存，文之所害，則刊而正之，以示勸戒(十一)。其餘則皆即用舊史；史有文質，辭有詳略，不必改也。故傳曰「其善志」，又曰「非聖人孰能脩之」？蓋周公之志，仲尼從而明之(十二)。

以上第五段：論孔子脩春秋，於舊史或刊改或否之意。

【疏證】

(十一)其教之至勸戒：此節言孔子改舊史之意。　孔子所刊正舊史，以表示存名教勸善懲惡者，正義舉僖二八春秋經「天王狩於河陽」與左傳文（已見注十引）與昭十九春秋經「許世子止弒其君買」及左傳「許悼公瘧，五月戊辰，飲大子止之藥卒；大子奔晉。書曰弒其君。君子曰：『盡心力以事君，舍藥物可也。』」論曰：「許止進藥，不由於醫。其父飲之，因茲而卒。名教善惡，須存於此者也。不罪許止，不沒晉文，無以息簒逆之端、勸事君之禮，故隱其召王之名，顯稱弒君之惡。如此之例，皆是文之害教，則刊削本策，改而正之，以示後人。……諸仲尼所改新意，皆是刊而正之也。」民國杜鋼百作孔氏撰修春秋異於舊史文體考（武漢大學文哲季刊三卷二號，民國二十三年），列九證用明孔脩春秋之異於舊史，其尙切要者考得五事：㈠墨子引周燕齊宋之春秋，記事皆甚詳，且多述神鬼怪亂之言，既不合孔子之所不語，尤與春秋經文法絕異；㈡公羊莊七載不脩春秋辭繁，而春秋經辭簡（兩辭已詳注十引）；㈢國語晉語記悼公與司馬侯問對及楚語申叔時言，證各國史家之春秋必兼舉其事實，不如孔子所脩者僅提綱挈領而已；㈣考全文記事年月，迄西周尙無條貫統系；整齊年月，當始于春秋。故考稽舊史年月書法，亦可見孔修春秋之文體大異前史；㈤禮記坊記引春秋，切合春秋經義例；別兩引魯春秋則與春秋經書法異。

(十二)**其餘則**至**從而明之**：此節言孔子不改舊史。　正義：「其餘謂新意之外皆即用舊史也。」又曰：「其史舊有詳略，義例不存於此，故不必皆改也。」是「新意」即「義例」——孔子所改者唯此。是以下文又兩引傳文用申不改舊史遵周公遺典禮之意。　引兩「傳曰」之文分見成十四、昭三一，惟字小異；前者「非聖人誰能脩之」，爲左傳明認孔子脩春秋之證。

左丘明受經於仲尼，以爲經者不刊之書也。故傳或先經以始

事，或後經以終義，或依經以辯理，或錯經以合異：隨義而發(十三)。其例之所重，舊史遺文，略不盡舉，非聖人所脩之要故也(十四)。身爲國史，躬覽載籍，必廣記而備言之。其文緩，其旨遠，將令學者原始要終，尋其枝葉，究其所窮(十五)。優而柔之，使自求之；饜而飫之，使自趨之。若江海之浸，膏澤之潤，渙然冰釋，怡然理順，然後爲得也(十六)。

以上第六段：斷左丘明爲春秋經作傳，並申經有傳無及傳有經無之故。

【疏證】

(十三)**左丘明受經**至**隨義而發**：此節言左丘明爲春秋經作傳，並說明經傳關係。杜謂左丘明受經於孔子，是以左氏爲孔門弟子矣。後漢陳元（陳欽之子，傳父春秋學。）光武建武四年詣闕上疏曰：「陛下……知丘明至賢，親受孔子，而公羊、穀梁傳聞於後世，故詔立左氏，博詢可否。……今論者沈溺所習，翫守舊聞，固執虛言傳受之辭，以非親見實事之道。」（後漢書陳元傳載）說左丘明受業孔門，先乎杜氏。東晉荀崧上疏曰：「孔子懼而作春秋，……時左丘明、子夏造膝親受。」（晉書卷七五崧本傳載）荀殆近據杜氏爲說，疑別無所本。明言左丘明乃孔門春秋學弟子，實甚晚近，後人多疑不敢質，故正義曲爲杜序解曰：「丘明爲經作傳，故言受經於仲尼；未必面親授受、使之作傳也。」而言左丘明著左傳，最早爲史記，十二諸侯年表序：「孔子……論史記舊聞，興於魯而次春秋。……七十子之徒，口受其傳指。……魯君子左丘明懼弟子人人異端，各安其意，失其眞，故因孔子史記，具論其語，成左氏春秋。」沈氏（文阿）云：「嚴氏春秋引（家語）觀周篇（斂案：西漢傳本家語篇，非王肅僞爲家語篇）云：『孔子將脩春秋，與左丘明乘如周，觀書於周史，歸而脩春秋之經，丘明爲之傳，共爲表裏。』」（見杜序正義引。嚴氏，彭祖也，眭孟之弟子，董仲舒之三傳，漢宣帝立爲博士，著書嚴氏春秋。而楊注「前言」謂嚴氏早於司馬遷，誤）漢劉歆移太常博士書：「……及春秋左氏，丘明所修。」（漢書卷三六歆本傳）漢書卷六二司馬遷傳贊：「孔子因魯史記而作春秋，而左丘明論輯其本事，以爲之傳。」漢志春秋類序：「……丘明恐弟子各安其意，以失其眞，故論本事而作傳，明夫子不以空言說經也。」故漢志著錄「左氏傳三十卷」，班氏原自注：「左丘明，魯太史。」（班書以後，論左丘明作左傳者甚多，此不具錄）。　左丘明其人，論語公冶長：「子曰：巧言令色，足恭，左丘明恥之，丘亦恥之。匿怨而友其人，左丘明恥之，丘亦恥之。」孔子所稱左丘明，與之同時，上引史記「魯君子」云云，西漢本家語「孔左共乘如周」云云竝與略合。漢書藝文志春秋類敍：「仲尼以魯，周公之國，禮文備物，史官有法，故與左丘明觀其史記。」又劉歆傳：「歆以爲左丘明好惡與聖人同，親見夫子，而公羊、穀梁在七十子後，傳聞之與親見之，其詳略不同。」亦謂孔、左同時。或謂左丘明尚早於孔子，從論語「左丘明恥之，丘亦恥之」語氣體認知之，有趙匡、尤侗、程端學、梁啓超、錢穆等。唯左傳記事至魯哀公二十七年；附加「悼之四年」云云一小段，言知伯及趙襄子（無恤謚）事。夫襄子之卒去孔子卒五十三年，則左傳著者不得與孔子同時，此舊說也。張以仁先生則云：「推算孔子之卒至趙襄子之卒，其間不過五十四年；……推論左丘明可能在孔子晚年見到孔子，並同觀魯史，而在趙襄子卒後乃完成左氏春秋。」（自「或謂左丘明尚早」至此，參據張先生所著從司馬遷的意見看左丘明與國語的關係）所謂春秋左氏傳，原名左氏春秋，上引史記之外，亦見漢書河間獻王傳「立左氏春秋博士」、儒林房鳳傳「歆白左氏春秋可立」、後漢書范升傳「韓歆欲爲左氏春秋立博士、左氏春秋復以比類及左氏春秋不可錄者三十一事」、賈逵傳「從劉歆受左氏春秋」（它書或省稱左氏或左氏傳，此不具錄），而杜序下文尚曰「今言左氏春秋者多矣」。西漢末，劉歆始改名爲春秋左氏傳，漢書卷三六劉歆傳：

「初，左氏傳多古字古言，學者傳訓故而已。及歆治左氏，引傳文以解經，轉相發明，由是章句義理備焉。」此以左氏春秋爲解春秋經之傳，是易名爲春秋左氏傳矣，故大體據歆七略撰成之漢志遂著錄左氏傳，漢書亦多處稱左傳，而歆與其弟子鄭興合著春秋左氏傳條例及章句（參見清姚振宗後漢藝文志，下簡稱姚志）。杜序下文承之，亦稱此書爲「左傳」（見下注二九）。　春秋左氏傳傳本之來歷，西漢惠帝世，始除挾書之律，張蒼獻，東漢許愼說文解字自敘：「……又北平侯張蒼獻春秋左氏傳。」漢劉向別錄記左丘明傳書予曾申，遞傳至荀卿，荀授張蒼（正義引），漢書儒林傳記張蒼傳賈誼，遞傳至劉歆。則春秋左氏傳果張蒼所獻，而劉歆所見藏在中秘者當即此本。（論衡案書篇、佚文篇謂左傳出孔壁。考孔壁出者爲春秋經，王充誤。又或誤讀劉歆移太常博士書「魯恭王壞孔子宅，……而得古文於壞壁之中：逸禮有三十九、書十六篇——天漢之後，孔安國獻之，遭巫蠱倉卒之難，未及施行；及春秋左氏、丘明所修：皆古文舊書」。因附和論衡，亦誤。）唯漢河間獻王得古文舊書，中亦有左氏春秋，趙人貫公爲獻王博士（參看漢書獻王本傳及劉歆移太常博士書）。　先經以始事，謂春秋經記某事，而左傳常先記與該事相關之前情，以爲端始，正義：「若『隱公不書即位』敏案：見隱元年左傳，今本在是年春秋經後；春秋經無「不書即位」四字。，先發『仲子歸于我』亦左傳文，在隱元年春秋經前。。『衞州吁弑其君完』隱四年春秋經，先發『莊公娶于齊』隱三年左傳，春秋經無。。如此之類，是先經以始事也。」（它例參看杜注釋例頁五八—五九）　後經以終義，謂春秋經記某事未畢，而左傳常續記與該事相關之後情，以爲終結，正義：「（若）昭二十二年『王室亂』敏案：見六月春秋經。，定八年乃言『劉子伐孟猛之誤以定王室』左傳文。哀二年『晉納蒯聵于戚』春秋經，哀十五年乃言『蒯聵自戚入衞』取左傳大意。如此之類，是後經以終義也。」　依經以辯理，正義：「經有其事，傳辯其由。」且舉春秋經隱元年不書隱公即位，而左傳辯春秋經不書即位之理曰：「不書即位，攝也。三月，公及邾儀父盟于蔑；邾子克也。……公攝位而欲求好於邾，故爲蔑之盟。」　錯經以合異，正義：「若地有兩名，經、傳互舉，及經侵傳伐、經伐傳侵，於文雖異，於理則合。」經曰侵傳曰伐，成十六春秋經：「鄭公子喜帥師侵宋。」左傳：「鄭子罕伐宋。」杜注：「侵、伐經傳異文，經從告，傳言實，他皆放此。」僖二年經：「楚人侵鄭。」傳侵作伐。（參看杜注釋例頁五七—五八）夫左傳本非解春秋經之專書，故經、傳記事不盡吻合，見有無經之傳，杜、孔所示「先經、後經」云云屬之；及所示「依經辯理」事據，固亦非經所有。至經、傳文異，多於理不合，杜、孔強通之，非也。

(十四)**其例**至**之要故也**：此節明有經無傳之意，略與上節先經後經之例相反。　其，謂左傳。重，釋文：「直用反，又直龍反。」宜從又切，義爲重複。左傳義例重複者，如春秋經桓元：「秋，大水。」左傳：「秋大水。凡平原出水爲大水。」杜注於經下曰：「書灾也。傳例曰：『凡平原出水爲大水。』」而莊七春秋經：「秋，大水。」左氏無傳，故杜注經亦曰：「無傳。」亦即此傳無「凡平原出水爲大水」之義例。夫桓元傳有凡例，而莊七則闕者，杜序以爲魯舊史遺文本然，但斯非孔子脩春秋經之要，故左傳祇略舉一、二而不必悉舉，正義：「……此則例之所重，皆是舊史遺餘策書之文。丘明略之，不復發傳，非聖人所脩之要故也。言遺者，舊史已沒，策書遺留，故曰遺文。」

（十五）**身為國史**至**究其所窮**：此節明無經有傳之意。　班固謂左丘明爲魯太史（已見注十三）。杜序上文「諸侯亦各有國史」，此云「身爲國史」，是以左丘明爲魯國太史，同班說。其旨遠、原始要終，並周易繫辭下文，後句彼疏曰：「原窮其事之初始，……又要會其事之終末。」正義：「非直解經，故其文緩；遙明聖意，故其旨遠。將令學者本原其事之始，要截其事之終，尋其枝葉，盡其根本，則聖人之趣雖遠，其賾可得而見。是故經無其事，傳亦言之，爲此也。」夫春秋經、左傳同記二百四十二年間事（左傳後多十三年），始隱終哀，所主據史料（魯史記）又相同，故經、傳頗相通，傳詳而經簡，第左傳究非專爲釋經而作一若公、穀兩傳者，故經、（左）傳難免歧異，經無傳有，經有傳無，此其常也（並參看上注十三、十四）。杜、孔旣以傳爲經作，因每於此等處飾詞爲說，不必盡信也。

㈥優而柔之至然後爲得也：此節申無經之傳有益。　大戴禮記子張問入官篇：「優而柔之，使自求之。」杜序前二句本此。優柔，俱訓安，寬舒之意；饜飫，俱訓飽，饒裕之意也（均見正義）。　宋理學家以謂循杜序此數言可以入道，二程粹言（在二程全書）：「（程）子曰：『有「學」不至而「言」至者，循其言可以入道。……「優而柔之，使自求之；饜而飫之，使自趨之。若江河之浸，膏澤之潤，渙然冰釋，怡然理順」：杜預之言也。……循其言……可以入道。』」

其發凡以言例，皆經國之常制，周公之垂法，史書之舊章；仲尼從而脩之，以成一經之通體㈦。其微顯闡幽、裁成義類者，皆據舊例而發義，指行事以正褒貶。諸稱「書」、「不書」、「先書」、「故書」、「不言」、「不稱」、「書曰」之類，皆所以起新舊，發大義，謂之變例。然亦有史所不書，即以為義者，此蓋春秋新意，故傳不言「凡」、曲而暢之也(十八)。其經無義例，因行事而言，則傳直言其歸趣而已，非例也(十九)。

以上第七段：辯左傳之三體——一、周公之五十發凡正例，二、孔子春秋經之變例新意及三、歸趣非例也。

【疏證】

(十七)**其發凡以言例**至**一經之通體**：此節說周公舊五十凡例。　其，亦謂左傳。發，起也（史記宋世家集解引鄭玄書注、禮記大學鄭注）。凡，說文：「冣括也。」段注：「冣括者，總聚而絜束之也。……杜預之說春秋曰『傳之義例，總歸諸凡』，凡之言氾也，包舉氾濫一切之謂也。」例，皆也，公羊僖元年傳：「公何以不言即位？繼弒君，子不言即位。此非其子也，其稱子何？臣、子一例也。」何注：「禮：諸侯臣諸父兄弟，以臣之繼君，猶子之繼父也。其服皆斬衰，故傳稱『臣子一例』。」是訓一例為一皆。春秋經及三傳，只此一「例」字，十三經亦止此一「例」字。發凡言例，乃杜氏創詞，後世亦稱發凡起例發、起互文。，謂「凡」如何如何「皆」是如何如何也。「凡例」亦簡稱「凡」、「例」，或「義」一言大義「義例」、或春秋之「書法」（說散見後文）。杜謂類此「凡例」，皆周家治國之常法，周公旦所制定垂於後世，載在魯史記本文者。

所謂周公凡例見於今本左傳者總共五十條，「五十凡」之名生焉，杜於其春秋釋例「終篇」曰：「邱明之傳，有稱周禮以正常者敏案：殆謂周家章典，意同此「經國之常制」，諸稱『凡』以發例是也；有明經所立新意者，諸顯義例而不稱『凡』者是也。稱云云。『凡』者五十，其別四十有九敏案：杜序正義：「蓋以母弟二『凡』，其義不異故也。」宣十七左傳：「凡大子之母弟，公在曰『公子』，不在曰『弟』。凡稱『弟』，皆母弟也。」更稱「凡」而義同，故去不計。」。隋志：「春秋五十凡義疏二卷，不著撰人。」此杜注之後研究五十凡最早之專著，惜盡佚。義例辨「綱要」頁十七—二十將五十凡依其性質別爲氏族、婚姻、喪葬、祭祀、弒君、朝聘會盟、侯伯職責、軍謀軍功、出入逃奔、得獲、畜、土功、災異、雲物、從告而書十五類。近人楊向奎略論「五十凡」則別之爲史法、書法、禮經三大類。茲再抄錄三條：隱七年春秋經：「滕侯卒。」左傳：「春，滕侯卒。不書名，未同盟也。凡諸侯同盟，於是稱名，故薨則赴以名，告終嗣也。」莊二七春秋經：「冬，杞伯姬來。」左傳：「冬，杞伯姬來，歸寧也。凡諸侯之女歸寧曰來，出曰來歸。夫人歸寧曰如某，出曰歸于某。」定九春秋經：「得寶玉大弓。」左傳：「夏，陽虎歸寶玉大弓，書曰：『得器用也。』凡獲器用曰得，得用焉曰獲。」杜氏又謂周公舊例不止五十，又即爲舊例亦有經丘明潤飾之處，正義：「計周公垂典，應每事設法，而據經有例、於傳無凡多矣，釋例四十部無凡者十五（敏案：杜氏春秋釋例內容，詳下注二八。），然則周公之立凡例，非徒五十而已。蓋作傳之時，已有遺落，丘明采而不得故也。且凡雖舊例，亦非全語，丘明采合而用之耳。（春秋釋例）「終篇」云：『諸凡雖是周公之舊典，丘明撮其體義、約以爲言，非純寫故典之文也。蓋據古文覆逆而見之，此丘明會意之微致。』」（義例辨「綱要」頁十九：「左傳義例多至二百數十事，五十凡例固不能盡包。」）舊例周公所立，孔子依因之以脩春秋經，且準之發起「新例」，杜序稱之爲「變例」（則周公舊例爲正例矣），見下杜序本文及下注十八。

㈥**其微顯至曲而暢之也**：此節論孔子之變例新意。　其，亦謂左傳。微顯闡幽，周易繫辭下文，彼韓注曰：「微以之顯，幽以之闡。」正義：「舊說云：『下云「經無義例」（見注十九）。此釋經有義例，謂孔子脩經，微其顯事，闡其幽理。裁節經之上下，以成義之般類。……』蓋以爲『皆據舊例而發義』以下論丘明之傳，『微顯闡幽』乃是經事。故賀、沈諸儒皆悉同此。」是賀道養、沈文阿及舊之學者釋此「其」爲「春秋經」，以爲此孔子據周公舊例發義。劉炫則以為：「『微顯闡幽』，皆說作傳之意。經文顯者，作傳本其纖微；經文幽者，作傳闡使明著。顯者若『天王狩于河陽』敏案：見僖二八春秋經及左傳。，觀經文足知王是天子、狩是出獵，但不知天子何故出畿外狩耳，故傳發『晉侯召王』左僖二八，是其微顯也。幽者，若『鄭伯克段于鄢』隱元經及傳，觀經不知段是何人、何故稱克，故傳發『武姜愛段』隱元傳，是闡其幽也。丘明作傳，其有微經之顯、闡經之幽以裁制成其義理比類者，皆據舊典凡例而起，發經義，指其人行事是非，以正經之褒貶例。稱『得儁曰克』敏案：莊十一傳：「得儁曰克。」，傳言『如二君，故曰克』隱元傳「書曰」，是其據舊例發義也敏案：杜注「得儁曰克」：「謂若大叔段之比，才力足以服衆，威權足以自固，進不成為外寇強敵，退復狡壯有二君之難，而實非二君；克而勝之，則不言彼敗績，但書所克之名。」正義：「既非敵國相伐，又非君之討臣，而於戰陳之例別立此名。……故具迹（述）叔段之事以充之。凡例乃是舊典，非獨為段發，故云『段叔之比』，釋例與此盡同。」。晉侯召王使狩僖二八傳、鄭伯不教其弟隱元傳：「書曰：『……稱鄭伯，譏失教也。』」，仲尼沒其召王、顯稱鄭伯。丘明正述其事，先解經文，是指其行事以正褒貶也。」（正義引）

敏案：賀、沈等謂微顯者，孔子於善事惡事之顯者稱當事人文與常文無異，而其功罪未嘗予以著現，是故意隱微其顯事；闡幽者，謂當事人罪行幽隱如趙盾非親弒其君之倫，而孔子欲使其罪狀宣露，加「弒」以闡之。一則故隱其善惡不宣，一則故加其罪名使顯，是揚善貶惡也漫無準的，春秋褒貶固不如是也。且繫辭曰「夫易彰往而察來，而微顯闡幽」，彼韓注「微以之顯，幽以之闡」，「之」謂易；杜既用此典，則意謂春秋經之微者、幽者，因左傳而得顯、得闡，即劉炫「經文幽者，作傳闡使明著」之意（劉氏「作傳本其纖微」，意雖費解，但就其下所舉實例觀之，謂傳使經義昭顯之。）復廻檢序上文自「左丘明受經於仲尼」以往，曰「其例之所重」、「其發凡以言例」，「其」皆謂「左傳」，則此「其」字緊承上二「其」，屬左傳何疑？正義曰：「此序主論作傳，而賀、沈諸儒皆以爲經解之，是不識文勢而謬失杜旨。」（或以爲是劉炫語）洵是也。上「稱」，言也，動詞。書、不書至書曰七類目，皆僅見於左傳（詳下，春秋經無）。正義：「傳之所稱『書』……及『書曰』七者之類，皆所以起新、舊之例；令人知發凡是舊，七者是新。發明經之大義，謂之變例。以『凡』是正例，故謂此爲變例。」是杜序以爲七者乃左傳發明春秋經大義。故變例自可歸之孔子。七目各舉一例如下：①書，文二春秋經：「公孫敖會……晉士縠盟于垂隴。」左傳：「書士縠，堪其事也。」杜氏以爲：斯會也，經未言並書士縠之義，而傳爲申其義曰「堪其事也」，是傳所記書法，原出自經。餘六目放此。②不書，隱元經：「元年春王正月。」傳：「不書即位，攝也。」③先書，桓二經：「宋督殺其君與夷及其大夫孔父。」傳：「……君子以督爲有無君之心，而後動於惡，故先書弒其君。」④故書，隱三經：「三月庚戌，天王崩。」傳：「三月壬戌，平王崩。赴以庚戌，故書之。」⑤不言，隱元經：「鄭伯克段于鄢。」傳：「書曰：段不弟，故不言弟。……不言出奔，難之也。」⑥不稱，僖元經：「元年春王正月。」傳：

「不稱即位，公出故也。」⑦書曰，隱四經：「衞人立晉。」傳：「書曰：衞人立晉，衆也。」　七目之外，左傳尚有雜稱（釋例「終篇」云：「諸雜稱二百八十有五。」），若追書（襄元：「非宋地，追書也。」）、稱（隱元：「稱鄭伯，譏失教也。」）、言（昭三一：「公在乾侯，言不能外內也。」），正義：「先書、故書既是新意，則追書亦是新意；書與不書俱是新意，則稱與不稱、言與不言亦俱是新意。……竊謂追書也、言也、稱也亦是新意，序不言者，蓋諸類之中足以包之故也。」是七目及衆雜目，竝是孔子「新意」，即新例，亦即變例。　然亦有史所不書至曲而暢之者，正義釋說最爲切要，云：「仲尼脩春秋，……其舊史錯失，則得刊而正之，以爲變例。……亦有史所不書（斂案：謂魯史記原本無文字處，下同），正合仲尼意者，仲尼即以爲義、改其舊文及史所不書。此二者蓋是春秋新意，故傳不言『凡』、每事別釋、曲而通暢之也。『此蓋春秋新意』，其言揔上通『變例』與『不別書』斂案：不別書，疑指上述「追書、言、稱」之類。也。舉一『凡』而事同者，諸理盡見，是其『直』也；不言『凡』而每事發傳，是其曲暢。暢訓通，故言曲而暢之也。」據此，舉傳不言「凡」而有「大義」者，皆爲孔子之義例——變例一，追書、言、稱二，及魯史未寫孔子即之取義三：三大類是也。　所謂周公舊例（五十凡）一大類與所謂孔子新例三大類，其說杜氏自創，正義：「……自杜以前不知有新、舊之異，今言謂之變例，是杜自明之以曉人也。」賈、服等左傳大家誠無是說也，正義：「先儒之說春秋者多矣，皆云丘明以意作傳、說仲尼之經，凡與不凡無新、舊之例。」 歷經唐、宋，以迄近世，非難杜氏，不信春秋有例者甚多，戴師靜山作春秋辨例云：「左傳中這些例，不但不是周公孔子的，且不是左丘明的，而當爲漢人所附益。」（頁十四）因謂「義例之說，實在是研究春秋的蔀蔽」（頁八）。然而孔子作春秋，託寓褒貶，微言大義存焉，孟子滕文公下：「孔子曰：知我者其惟春秋乎？罪我者其惟春秋乎？」又離婁下：「孔子曰：其義則丘竊取之矣！」公羊昭十二傳：「春秋之信史也，其序則齊桓晉文，其會則主會者爲之也，其詞則丘有罪焉耳。」何注：「其貶絕譏刺之辭有所失者是丘之罪。」是春秋有「義」，無庸置疑。然若以「例」解之，頗多矛盾不可通，故戴師謂春秋無「例」；義例辨「綱要」五、六兩章考左傳義例之來源，亦謂是後人附益，十八九爲劉歆黨人所牽附。未敢遽從，有待它日深究。

㈨**其經無義例**至**非例也**：此節言經無義例者。 正義：「國有大事，史必書之。其事既無得失，其文不著善惡，故傳直言其指歸趣向而已，非褒貶之例也。春秋此類最多。」正義舉一條，隱元春秋經：「秋九月，及宋人盟于宿。」左傳：「惠公之季年，敗宋師于黃，公立而求成焉。九月，及宋人盟于宿，始通也。」杜注：「經無義例，故傳直言其歸宿而已。他皆倣此。」始通，謂二國今始通盟好，即記事之指歸趣向。它例：莊十經：「冬十月，齊師滅譚。」傳：「冬，齊師滅譚，譚無禮也。」杜注：「傳曰『譚無禮』，此直釋所以見滅，經無義例。……『滅例』在文十五年敏案：文十五傳：「凡勝國曰滅之，獲大城焉曰入之。」正義：「此傳已發凡例，襄十三年復發。」」猶有桓十五、宣八、定元經及注，言「無義例」，參看杜注釋例頁四二—四三。

故發傳之體有三；而爲例之情有五：一曰微而顯，文見於此而起義在彼：「稱族，尊君命；舍族，尊夫人」、「梁亡」、「城緣陵」之類是也。二曰志而晦，約言示制，推以知例：「參會不地」、「與謀曰及」之類是也。三曰婉而成章，曲從義訓，以示大順：「諸所諱辟」、「璧假許田」之類是也。四曰盡而不汙，直書其事，具文見意：「丹楹刻桷」、「大王求車」、「齊侯獻捷」之類是也。五曰懲惡而勸善，求名而亡，欲蓋而章：「書齊豹盜」、「三叛人名」之類是也(三十)。推此五體，以尋經傳，觸類而長之，附于二百四十二年行事，王道之正、人倫之紀備矣(三)。

以上第八段：結上傳之三體；啓下論正例、變例、歸趣非例之情五——微而顯、志而晦、婉而成章，盡而不汙、懲惡而勸善也。

【疏證】

(二十)**故發傳之體有三至人名之類是也**：此節結上傳之體三；進論經為例之情五，並分別舉示事證。張以仁先生曰：「所謂『發傳之體有三』，是指上文所言發凡正例，一也；變例新意，二也；歸趣非例，三也。是就左傳言。該語總結上文。」（其文頁三十）甚明確。驗諸正義：「自此「發凡以言例」至『非例也』，辯說傳之三體。」亦合。為例之情有五：五情謂下文「微而顯、志而晦、婉而成章、盡而不汙、懲惡而勸善」，文見成十四左傳，而其上有「故君子曰春秋之稱」八字、下有「非聖人誰能脩之」七字。則例之五情，左傳「係就春秋經文言，謂孔子脩經情意之所託也」(正義)。正義又云「傳為經發例，其體有此五事」，是也。五情者：

微而顯，杜彼傳注：「辭微而義顯。」此序下文「文見於此而起義在彼」，即釋此者。杜更舉傳文三事以明之：①成十四春秋經：「叔孫僑如如齊逆女。」左傳：「宣伯如齊逆女。稱族，尊君命也。」經：「僑如以夫人婦姜氏至自齊。」傳：「……舍族，尊夫人也。」斂案：叔孫，僑如之族氏。僑如銜魯成公命出使，經榮稱其族者，尊君命故也；及其與夫人俱還，經去其尊稱——族氏者，所以尊成公夫人也。②僖十九經：「梁亡。」亡梁者秦也，經不書秦者，傳：「梁亡。不書其主，自取之也。」謂梁自取滅亡。③僖十四經：「諸侯城緣陵。」是齊桓公率諸侯城緣陵，今不書齊者，傳：「諸侯城緣陵而遷杞焉。不書其人，有闕也。」杜注：「闕謂器用不具。」

志而晦，杜注：「志，記也。晦，亦微也。謂約言以記事，事敘而文微。」約言示制，推以知例，正義：「約少其言，以示法制，推尋其事，以知其例。」杜更舉二事以明之：①桓二經：「公及戎盟于唐。」傳：「……脩舊好也。」又曰：「特相會，往來稱地，讓事也。自參以上，則往稱地來稱會，成事也。」特相會，謂魯君與另一國單獨相會也。夫會必有主人，若二人相會，相讓莫肯爲主，則會事因而不成，故與會者無論往來，皆但書盟會之地名而已。若三國以上會，必有一國爲主人，則會事成，於是公往稱所會之地名，他國來則稱會而已。（參楊注頁九一）②宣七經：「公會齊侯伐萊。」傳：「……不與謀也。凡師出與謀曰『及』，不與謀曰『會』。」不與謀而出師曰會杜注：「不獲已應命而出，則以外合爲文。」合，會也。

婉而成章，杜注：「婉，曲也，謂婉曲其辭。」義訓，義理教化。大順，大理循順。諸所諱辟，諱避之事非一，故言「諸」以揔之（參正義）。舉有二例：僖十六經：「十有二月，公會齊侯（桓公）、宋公、陳侯、衞侯、鄭伯、許男、邢侯、曹伯于淮。」傳：「十二月，會于淮，謀鄫，且東略也。役人病，有夜登丘而呼曰：『齊有亂。』不果城而還。」魯僖公與諸侯會於淮（去年十二月事），尚未歸國，國之執政者帥師伐滅項國而公不知，齊人因此執留公，僖十七傳：「夏，……師滅項。淮之會，公有諸侯之事，未歸而取項，齊人以爲討而止公（敏案：春秋經謂滅項者齊，不同於左傳，參看春秋大事表譔異頁三一四。）。」杜注：「內諱『執』皆言『止』。」後公見釋返至國，經：「公至自會。」傳：「公至。書曰：『至自會，猶有諸侯之事焉，且諱之也。』」此例一。桓元經：「公會鄭伯于垂，鄭伯以璧假許田。」傳：「鄭人請復祀周公，卒易祊田，公許之。三月，鄭伯以璧假許田，爲周公祊故也。」周公非鄭之祖，不宜聽鄭祀之。祊、許皆天子所賜，不應私易。春秋隱惡揚善，故不直書。杜注：「魯不宜聽鄭祀周公，又不宜易取祊田，犯二不宜以動，故隱其實不言祊，稱『璧假』，言若進璧以假田，非久易也。」正義：「……故史官諱其實，不言以『祊』易『許』，乃稱『以璧假田』，言若進璧於魯以權借許田，非久易然，所以諱國惡也。」此例之二也。

盡而不汙，杜注：「謂直言其事，盡其事實，無所汙曲。」釋文音義：「汙，憂于反，曲也。」竝讀汙爲紆曲字，清朱駿聲說文通訓定聲：「汙又爲紆，左成十四年傳『盡而不汙』，……漢書鄒陽傳『回面汙行』，注『曲也』。」清焦循春秋左傳補疏：「汙曲，則讀汙爲紆。」杜序下文「直書其事，具文見意」即釋「盡而不汙」者，與上「婉而成章」意反。茲出三例：莊二三經：「丹桓宮楹。」左傳：「丹桓宮之楹。」二四經：「刻桓宮桷。」左傳：「刻其桷，皆非禮也。」杜序正義：「禮：制宮廟之飾，楹不丹，桷不刻。」此正義據穀梁傳莊二三：「禮：天子、諸侯黝堊，大夫倉，士黈；丹楹，非禮也。」又據穀梁傳莊二四：「禮：天子之桷，斲之礱之，加密石焉。諸侯之桷，斲之礱之。大夫，斲之。士，斲本。刻桷，非正也。……刻桓宮桷、丹桓公楹，斥言『桓宮』以惡莊也。」斥言即直言盡事，不爲隱諱（近人柯劭忞春秋穀梁傳補注卷四：「不爲之諱謂之斥。」）。此例一。桓十五經：「天王使家父來求車。」左傳：「……非禮也。諸侯不貢車服，天子不私求財。」穀梁傳：「古者，諸侯時獻于天子，以其國之所有，故有辭讓而無徵求。求車，非禮也。」杜注略同穀梁，既曰：「車服，上之所以賜下。」又曰：「諸侯有常職貢。」敏案：尚書堯典天子錫諸侯「車服以庸」（皋陶謨同），堯典戰國初年作，言周朝典章，則杜前一注是也。清鍾文烝穀梁補注卷四：「周禮小行人『令諸侯春入貢』，職方氏『制其貢，各以其所有』，逸周書職方同。」明杜後一注亦是也。惟鍾氏補注又曰：「周禮大宰、大行人則有器貢、服貢。」是鍾氏疑左傳「諸侯不貢車服」。楊注頁一四三：「周禮天官太宰九貢中有服貢，……但所貢……是製作衣服之材料，非謂已製成之衣服。」鄭玄注大宰「服貢」曰：「絺紵也。」又注大行人「貢服物」曰：「玄纁絺纊也。」皆謂自然之物，非成品。考尚書禹貢九州貢服物——絲、枲、絺、纊、織文等，莫非原料，則楊注是也。至於周禮「器貢」，謂銀、鐵、石、磬、丹、漆（鄭玄太宰注），或云尊彝之屬（鄭大行人注），不關車乘。鍾氏可勿疑矣。此例二。莊三一經：「齊侯來獻戎捷。」左傳：「……非禮也。凡諸侯有四夷之功，則獻于王，以警于夷；中國則否。諸侯不相遺俘。」敏案：此「戎」，山戎也，莊三十經「公及齊侯遇于魯濟。齊人伐山戎」，左傳「遇于魯濟，謀山戎也，以其病燕故也」。山戎地望，在今河北省東北境，而燕在其南（春秋大事表譔異頁五〇五）。伐山戎而捷，非四夷之功，又獻捷當獻于王，而諸侯之間不相獻俘，故斥爲非禮。此例之三也。

懲惡而勸善，杜注：「善名必書，惡名不滅，所以爲懲勸。」春秋經書衞國齊豹「盜」，又書邾國庶其、莒國牟夷及邾國黑肱三叛人之名：其一、昭二十經：「盜殺衞侯之兄縶。」傳：「衞公孟縶狎齊豹，……。初，齊豹見宗魯於公孟，爲驂乘焉。……公孟有事於蓋獲之門外，齊子氏帷於門外，而伏甲焉。……齊氏用戈擊公孟，宗魯以背蔽之，斷肱，以中公孟之肩，皆殺之。……琴張聞宗魯死，將往弔之，仲尼曰：『齊豹之盜，而孟縶之賊，女何弔焉？君子不食姦，不受亂，不爲利疚於回，不以回待人，不蓋不義，不犯非禮。』」敏案：公孟縶，衞靈公之兄。齊豹，爲衞司寇。傳引孔子責宗魯者，大意謂齊豹之所以爲盜，公孟之所以見殺，咎由宗魯云云，詳杜注。至書齊豹曰「盜」，杜經注：「齊豹作而不義，故書曰『盜』，所謂求名而不得。」行不義而書「盜」，正義：「釋例曰：士殺大夫則書曰『盜』，則此書『盜』貶之使同於士也（敏案：齊豹位在列卿）。」又豹求名，三一年傳杜注：「豹殺衞侯兄，欲求不畏彊禦之名。」杜序正義：「春秋之例，卿皆書其名氏。齊豹忿衞侯之兄，起而殺之，欲求不畏彊禦之名。春秋抑之，書曰『盜』。『盜』者，賤人有罪之稱也。」其二、襄二一經：「邾庶其以漆、閭丘來奔。」傳：「庶其非卿也；雖賤必書，重地也。」昭五經：「莒牟夷以牟婁及防、茲來奔。」傳：「……非卿而書，尊地也。」昭三一經：「黑肱以濫來奔。」傳：「邾黑肱以濫來奔，賤而書名，重地故也。」庶其、牟夷，咸非卿，皆在大夫列；黑肱，邾大夫也（杜注）。是三人皆小國大夫，故曰賤（杜注）。彼以其封邑入於魯求榮，故爲叛，襄二一經正義：「諸侯之臣入其私邑而以之出奔者，皆書爲叛，衞孫林父、宋華亥、宋公之弟辰、（晉）趙鞅、荀寅等皆書爲叛（敏案：襄二六經：「衞孫林父入于戚以叛。」傳：「書曰：『入于戚以叛，罪孫氏也。』」昭二一經：「宋華亥、向寧、華定自陳入于宋南里以叛。」傳：「華、向入。……華氏居盧門，以南里叛。」定十一經：「宋公之弟辰及仲佗、石彄、公子地自陳入于蕭以叛。」傳記三人叛，略同。定十三經：「晉趙鞅入于晉陽以叛。……晉荀寅、士吉射入于朝歌以叛。」它如哀十四經：「宋向魋入于曹以叛。」傳：「……向魋遂入于曹以叛。」。叛者，背其本國之大辭也。此（邾庶其）及莒牟夷、邾黑肱亦以邑叛本國來歸。」庶其三人位卑，依義例，本不必書名，春秋經欲使惡名不滅，故直書其名，昭三一傳君子曰：「夫有所有名而不如其已。以地叛，雖賤必書地，以名其人終為不義，弗可滅已。……或求名而不得，或欲蓋而名章，懲不義也。齊豹……作而不義，其書為『盜』，邾庶其、莒牟夷、邾黑肱以土地出，求食而已，不求其名，賤而必書。此二物者，所以懲肆而去貪也。……若竊邑叛君以徼大利而無名，貪冒之民將寘力焉。是以春秋書齊豹曰『盜』、三叛人名，以懲不義，數惡無禮：其善志也。」案：此君子曰未盡符合上引左傳義，惟此義亦不暇具論。

㈢**推此五體至人倫之紀備矣**：此節，正義：「從首至此，說經傳理畢，故以此言結之。」上「發傳之體，為例之情」，言傳、經義例；體、情互文。此「五體」之體即上「情有五」之情，正義：「上云『情有五』，此言『五體』者，言其意謂之情，指其狀謂之體。體、情一也，故互見之。」故五體亦即上「微而顯、志而晦、婉而成章、盡而不汙、懲惡而勸善」也。　觸類而長之，語據周易繫辭下傳。隱四經：「翬帥師會宋公陳侯蔡人衞人伐鄭。」傳：「諸侯復伐鄭，宋公使來乞師，公辭之。羽父請以師會之，公弗許。固請而行。故書曰『翬帥師』，疾之也。」公子翬，魯大夫，字羽父。此經不稱「公子翬帥師」，僅書曰「翬帥師」而去其族稱者，疾其強梁固請，杜注：「不稱公子，疾其固請強君以不義也。……內大夫貶則皆去族稱名。」（義例辨卷一頁四二—四四辨左、杜之失。本文旨在疏證杜序，究極其是非，非其主旨，故不煩多引。下倣此）觸逢同類之事，則有隱十經：「翬帥師會齊人鄭人伐宋。」傳：「羽父先會齊侯鄭伯伐宋。」傳雖無「故書曰『翬帥師』，疾之也」，但推類而增長之應有「故書曰」云云。又隱元經：「公及邾儀父盟于蔑。」傳：「……邾子克也。未王命，故不書爵，曰『儀父』，貴之也。」邾國國君名克字儀父。邾克爲附庸之君，時尚未受天子之命，故不書其爵——子，杜注「不書爵」曰：「王未賜命以爲諸侯；其後儀父服事齊桓以奬王室，王命以爲邾子，故莊十六年經書『邾子克卒』。」至莊十六乃得稱子爵者，杜彼經注曰：「克，……稱『子』者，蓋齊桓請王命以爲諸侯。」附庸之君尚未蒙王命者，春秋例稱名，莊五經：「郳犂來來朝。」傳：「……名，未王命也。」杜注：「未受爵命爲諸侯——傳發附庸稱名例也。」書邾克之字「儀父」而不書名者，杜注釋隱元經曰：「附庸之君未王命，例稱名；能自通于大國，繼好息民，故書字貴之。」邾小國自通於大國魯，故稱字以貴之。然則何貴乎稱字？釋例：「名重於字，故君父之前自名，朋友之接自字。是以春秋之義，貶責書其名，斥所重也；褒厚顯其字，辟所諱也。然則應字而名則是貶，應名而字則是貴。故宰咺書名以貶之，儀父書字以貴之。」（正義引）觀比同類之事則又有桓十七經：「公會邾儀父盟于趡。」傳：「……尋蔑之盟也。」不書爵、稱字，一若隱元經傳，推彼以知此稱「儀父」亦是「貴之」之義也。二百四十二年行事，正義：「二百四十二年，謂獲麟以前也。」敏案：據史記孔子世家，仲尼作春秋，上自魯隱公元年（周平王四十九年，西元前七二二），下迄哀公十四年（敬王三十九年，西元前四八一）獲麟而絕筆，首尾共二百四十二年。但今本左傳各年前附之春秋經（當爲古文經）則哀公十四（「西狩獲麟」以下部分）、十五、十六年三年仍有春秋經共二百一十二字，記且及「十六年四月己丑孔子卒」，非孔子手著，確甚。故杜序正義曰：「（獲麟）以後經，則魯史舊文。」至左傳記事，則下及哀公二十七年（貞定王元年，西元前四六八），且綴述「悼公四年」（貞定王五年，西元前四六四）百二十九字，正義曰：「（獲麟以後之）傳終說前事，辭無褒貶，故不數之也。」（參看下注二九、三十、三四）杜以爲「微而顯」等五種義例之體，春秋之要義也，推之以比附於二百四十二年時人所行之事，以觀其善惡，用其褒貶，則王道之正、人倫之紀備矣（參正義）。

或曰：「春秋以錯文見義，若如所論，則經當有事同文異而無其義也。先儒所傳，皆不其然㈢。」

以上第九段：設或人執先儒異乎己之說春秋經傳者相質。

【疏證】

㈢或曰春秋錯文至皆不其然：方見段旨，同。　或問，設或人問，正義：「論『經傳』之下，即是自述己懷；於文不次，言無由發，故假稱『或問』而荅以釋之。」　春秋經交錯其文字以現義（釋「錯文以見義」），此先儒（當爲賈逵、服虔等）之說，正義：「春秋之經，侵伐會盟及戰敗克取之類，文異而義殊。『錯文以見義』，先儒知其如是。」據其上說，則「苟經有異文，則莫不著義」。但杜謂仲尼所述魯史舊文，「其教之所存，文之所害，則刊而正之」，其餘則因其詳略不加刊正（參看上注十一、十二）：「若如所論」，即指杜氏此論。夫經既有因仍舊史不加刊正者，則舊史原文與曾經仲尼親手刊正之文必雜陳於春秋經中，故亦必有敍事同而文字殊異而並無其義之情狀發生；蓋今春秋經一書之文，非出一手（既保有史官舊策，又有仲尼新意），自難必其文異義亦不一也。正義於此序上文「其餘至不必改也」下論之且舉事證曰：「始隱終麟，二百餘載，史官遷代，其數甚多。人心不同，屬辭必異。……故春秋（經）之文詳略不等也：螟、螽、蜚、蜮，皆害物之蟲，蜚、蜮言『有』（敏案：經莊二九：「秋，有蜚。」莊十八：「秋，有蜮。」），螟、螽不言『有』（敏案：經隱五：「螟。」隱八、莊六同，皆不書「有」。經桓五、文八、宣六與十三與十五、襄七、哀十二與十三皆祇書「螽」，不書「有螽」。）。諸侯反國，或言『自某歸』（敏案：經桓十七：「蔡季自陳歸于蔡。」僖二八：「衞侯鄭自楚復歸于衞。」），或言『歸自某』（敏案：成十六經：「曹伯歸自京師。」〔附〕襄二六左傳：「鄭伯歸自晉。」）。晉伐鮮虞、吳入郢，直舉國名，不言將帥（敏案：經昭十二：「晉伐鮮虞。」杜注：「不書將帥，史闕文。」定四：「庚辰，吳入郢。」左傳同。），及『郊』與『用郊』，皆無所發（敏案：經僖三一：「夏四月，四卜郊，不從，乃免牲。」無復發明。左傳發明之：「夏四月，四卜郊，不從，乃免牲，非禮也。猶三望，亦非禮也。禮不卜常祀，而卜其牲、日。牛卜日曰牲。牲成而卜郊，上怠慢也。望，郊之細也。不郊，亦無望可也。」經成十七：「九月辛丑，用郊。」亦無所發明。杜氏及公穀皆有發明：杜注：「無傳。九月郊祭，非禮明矣。書『用郊』，從史文。」釋例（正義引）曰：「辛丑用郊，文異，而丘明不發傳；因時史之辭，非聖賢意也。」公羊傳：「用者何？用者、不宜用也；九月，非所郊也。」穀梁傳：「夏之始可以承春，以秋之末承春之始，蓋不可矣。九月用郊，用者不宜也。」。）諸侯出奔，或名或不名（敏案：不稱名例——莊十經：「齊師滅譚，譚子奔莒。」文十二經：「郕伯來奔。」稱名例——昭二三經：「莒子庚輿來奔。」哀十經：「邾子益來奔。」），明是立文乖異，是其史舊有詳略；義例不存於此，故不必皆改也。」

答曰：「春秋雖以一字爲襃貶，然皆須數句以成言；非如八卦之爻可錯綜爲六十四也，固當依傳以爲斷㈢。古今言左氏春秋者多矣，今其遺文可見者十數家。大體轉相祖述，進不成爲錯綜經文以盡其變，退不守丘明之傳；於丘明之傳有所不通，皆沒而不說，而更膚引公羊、穀梁，適足自亂㉔。預今所以爲異，專脩丘明之傳以釋經。經之條貫，必出於傳；傳之義例，摠歸諸『凡』。推變例以正褒貶，簡二傳而去異端，蓋丘明之志也。其有疑錯，則備論而闕之，以俟後賢㉕。然劉子駿創通大義，賈景伯父子、許惠卿皆先儒之美者也，末有潁子嚴者，雖淺近，亦復名家。故特舉劉、賈、許、潁之違，以見同異㉖。分經之年與傳之年相附，比其義類，各隨而解之，名曰『經傳集解』㉗。又別集諸例及地名、譜第、歷數，相與爲部，凡四十部十五卷。皆顯其異同，從而釋之，名曰『釋例』。**將令學者觀其所聚異同之說，釋例詳之也**㉘。」

以上第十段：荅問；以爲春秋義例，當一依左傳爲斷。而舊治左傳者多家，見存唯劉、二賈、許、潁五子書可觀。今合附經傳集而解之，時不及舉稱舊說；其舊說之與己意違異者，則別於春秋釋例一書詳之。

【疏證】

㈤**答曰春秋**至**傳以為斷**：此節杜自荅或人問，春秋褒貶當依傳爲斷。春秋經以一字爲褒爲貶，如莊二五經：「春，陳侯使女叔來聘。」傳：「陳女叔來聘，始結陳好也。嘉之，故不名。」女（釋文：「音汝，陳大夫氏。」）叔，杜注：「女叔，陳卿，女氏叔字。」嘉之故不名，杜注：「嘉好接備；卿以字爲嘉，則稱名其常也。」此以一字——叔爲褒。僖二五經：「正月丙午，衞侯燬滅邢。」傳：「……同姓也，故名。」衞，周成王徙封康叔封（武王九弟）於此。邢，周公次子靖淵，封爲邢侯（春秋大事表譔異頁一八二）。是衞、邢爲同姓，故杜注經曰：「衞、邢同姬姓，惡其親親相滅，故稱名罪之。」正義申之曰：「曲禮曰『諸侯不生名，滅同姓名』，傳云『同姓也，故名』。然則諸侯位貴居尊，故不斥其名；書名則是罪絕之事，故云『罪之也』。」公、穀兩傳同，公羊：「衞侯燬何以名？絕。曷爲絕之？滅同姓也。」穀梁：「燬之名何也？不正其伐本而滅同姓也。」此以一字——燬爲貶例。是誠「一字所嘉，有同華袞之贈；一言所黜，無異蕭斧之誅。」（孔穎達春秋正義序） 春秋經褒貶人事，合數句以成言者，正義：「數句者，謂若『隱元年秋七月，天王使宰咺來歸惠公、仲子之賵』及『昭十三年夏四月，楚公子比自晉歸于楚，弒其君虔于乾谿』，此皆三句以上。……或以爲數其文句，亦得通。」敏案：依孔所示二例，前者僅二句，後者方足三句；乃云「三句以上」，不詳所說。釋文：「數，色主反。」則數句，數算其文句也。敏案：上言「一字」，此言「數句」，寡、多相形，則數音色句切，謂不止單一也。衆句雖可成褒貶言，但春秋經簡奧，徒錯綜數文往往仍不獲其義，必待左傳而後明曉，如上方引隱元經，賴傳而後貶責之義——稱天子之大夫名咺乃顯，而隱元傳曰：「秋七月，天王使宰咺來歸惠公、仲子之賵。緩，且子氏未薨，故名。天子七月而葬，同軌畢至；諸侯五月，同盟至。……贈死不及尸、弔生不及哀、豫凶事，非禮也。」杜氏甚尊左傳，故一以傳爲決。近人錢基博經學通志頁一九三短之曰：「棄經信傳，曲爲之說，或直謂是經誤。預自云『有左傳癖』，若此之類，得不謂之癖歟！」　錯綜，交錯綜理也（正義：語出周易繫辭上：「錯綜其數。」）。八卦句：八卦，乾兌離震巽坎艮坤三畫（三爻）卦八也。八卦相重爲六十四卦，則每卦六爻（六畫）。任一六爻之卦，其中一爻改變，即成爲另一卦，如乾卦 ䷀ 初爻變作⚋則成姤卦 ䷫ 之類。是也。

(二四)**古今言左氏春秋**至**適足自亂**：此節評舊說十數家。　左傳原名左氏春秋，劉歆始改作春秋左氏傳；簡稱左傳（參看上注十三）。杜茲偶仍原名。　左傳自左丘明傳至張蒼，漢劉向別錄（杜序正義引）述先秦左傳學云：左丘明授曾申，申授吳起，起授其子吳期，期授鐸椒，椒作抄撮八卷授虞卿，虞作抄撮九卷授荀卿，荀授張蒼（秦漢之際人）（釋文序錄記其傳授同）。但漢志則著錄椒之鐸氏微三篇、虞之虞氏微二篇及可能爲蒼作之張氏微十篇；另漢志又著錄左氏微二篇、次鐸氏微之前，蓋亦六國時說左氏傳之專著也（清王仁俊輯吳起春秋左氏傳吳氏義一卷（上海古籍出版社印行））。書盡佚。　張蒼左傳學下傳，漢書儒林傳：張蒼、賈誼、張敞、劉公子皆修左傳。誼撰左氏傳訓故授貫公，貫公爲河間獻王博士，子貫長卿授張禹，禹傳尹更始，更始傳子尹咸及翟方進、胡常，常授賈護，護授陳欽，欽授王莽，而劉歆亦從尹咸及翟方進二人受。釋文序錄張蒼傳賈誼，誼傳其孫賈嘉，嘉傳貫公，貫公傳其子長卿，長卿傳張敞、張禹；自禹下傳迄陳欽，同儒林傳。姚振宗漢書藝文志拾補著錄張倉、賈誼、尹咸各撰春秋左氏傳訓故，張敞、劉公子修春秋左氏傳，陳欽授春秋左氏傳，劉歆春秋左氏傳章句、春秋左氏傳條例二十卷。諸書唯陳欽陳氏春秋及劉歆章句尚存有遺文（參見下注二六、三四），餘書盡佚矣。　後漢治左傳撰有專著者，據姚志：鄭興、許淑、賈徽、陳元、孔奇、鄭衆、賈逵、孔嘉、彭汪、延篤、劉陶、服虔、王玢、荀爽、鄭玄、潁容、謝該、宋衷十八家；其中鄭興撰春秋左氏條例訓詁及章句訓詁、許淑春秋左氏傳注、賈徽春秋左氏條例、鄭衆春秋左氏條例章句、賈逵春秋左氏傳解詁、服虔春秋左氏傳解誼及潁容春秋左氏條例最顯；許淑及鄭衆以下共五家書雖佚，今尚有輯本傳世（亦參下注二六）。三國左傳學著有專書者，據姚振宗三國藝文志：共十三家十五部，其中魏周生烈春秋左氏傳注、董遇春秋左氏傳章句、王肅春秋左氏傳注、蜀李譔春秋左氏傳指歸最要；董、王二家尚有佚文今傳（見玉函山房輯佚書與近人李振與王肅之經學章第五）。杜所見由六國終三國言左傳之遺文十數家，正義：「……不知杜之所見十數家定是何人也。」余考杜序下文述及劉歆、賈徽賈逵父子、許淑、潁容（亦見下注二六）五家，而釋例明引劉、賈徽、逵不分。、許、潁，別常載「先儒」、「舊說」而未定何人。服虔書亦杜所采及，夫賈、服解春秋，義多相同。故春秋經正義常同條共舉，評賈說一若評服，且服注季漢以來稱爲顯學，杜不容不讀，下文正義：「……自餘服虔之徒殊劣於此輩」云云，是杜親見者宜有服注也。第余考諸隋志，劉、賈、服六家之外，王肅、董遇、孫毓、王朗、鄭衆、王玢、孔融（依著錄次序）之書，杜時殆尚在。則杜所見大抵爲此十三家書也。祖述，語出中庸「仲尼祖述堯舜」，此謂宗本前人而無創說。蓋諸家轉相因承，如今存之服虔說，其同於賈逵者四十餘節，是服襲賈；潁容說，同賈逵者八節，潁亦襲賈；許淑襲賈逵，今存許說六節，其中五節上同（參看葉政欣漢儒賈逵之春秋左氏學章一節六）。王肅說同賈、服者，今存一條；同服者二條（參看王肅之經學章五節三春秋左氏傳賈服王杜注異同表）。而釋例引賈氏、許氏曰（卷一頁十二）文同，是許述賈；引賈、潁云（頁十一）文亦同，則潁述賈；合引劉、賈、潁云（卷一頁二），劉、賈、許曰（頁十一）及劉、賈、許、潁（卷三頁三）說，云文悉同。的是轉相祖述也。　進不成、退不守云云二句，正義：「經之詳略，本不著義，強爲之說，理不可通，故『進不成爲錯綜經文以盡其變』。於傳之外，別立異端，『故退不守丘明之傳』。」傳有所不通，皆沒而不說，正義：「謂諸家之注多有此事，但諸注既亡，不可指摘，若觀服虔、賈誼（清齊召南春秋左傳注疏考證：「賈誼雖嘗從北平侯張蒼受左傳，但誼所作解詁，晉時未必尚有其書。杜預注於服虔、賈逵之說時多駁正，此當作賈逵無疑。」茲從之。）之注，皆沒而不說者衆矣。」於下文正義舉二例焉：其一、僖三三傳：「葬僖公，緩。作主，非禮也。凡君薨，卒哭而祔，祔而作主，特祀於主，烝嘗禘於廟。」一譏葬僖公事遲緩，杜注：「文公元年經書『四月葬僖公』（敏案：原文作「四月丁巳，葬我君僖公。」）僖公實以今年十一月薨，并閏，七月乃葬，故傳云『緩』。」釋例卷四頁八作主禘例（下引同）曰：「今推歷，僖以十一月薨，則文元年三月，于禮應葬，今四月乃葬，通計閏爲七月，故爲緩。」杜序正義：「（僖三三）經書十二月下云『乙巳，公薨』。杜以長厤推之，十一月十二日有乙巳；『乙巳』非十二月。……禮：當五月而葬。今乃七月始葬，故傳曰『緩』也。」敏案：楊注謂杜推歷訛舛，云：「僖公之死在十二月乙巳，經傳記述分明，杜氏據其長歷謂乙巳為十一月十二日敏案：杜長歷（見釋例卷十二頁九）推是年十一月朔甲午，乙巳為十二日。，經書十二月為誤，此乃杜氏推算之誤，非經之誤。十二月卒，明年四月葬，其間並無閏月原注：傳云「閏三月」，實誤。，正五月而葬，非緩也。」（清萬斯大學春秋隨筆亦推經十一月不誤）賈逵以「緩」屬下讀（詳下引），疑服虔亦同，則二家等竝以為經傳不謂僖公葬緩，故無說，非不通傳義沒而不說也。二譏作僖公主又遲緩，上引經「作主，非禮也」杜注：「文二年乃作主，遂因葬文通譏之。」是以「作主」承上省「緩」字，此據是年經傳——文二經：「二月丁丑，作僖公主。」傳：「……不時也。」杜注：「過葬十月，故曰『不時』。」釋例：「禮：葬訖當卒哭作主，而至三年乃作主，故二年經書『作僖公主』，傳曰『書不時也』。以此推之，傳發葬僖公之緩，又云『作主非禮』，因開明凡例。」依「卒哭而祔，祔而作主」，則作主當於僖公葬之第十四日（楊注），今逾葬十月乃作主，故云「不時」。敏案：賈逵解「作主不時」不同杜，曰：「僖公始不順祀，生則致哀姜，終則小寢，以慢典常，故其子文公緣事生邪志，作主陵遲。」苟責之不通傳義，沒而不說，甚矣哉！其二、襄九傳：「晉人不得志於鄭，以諸侯復伐之。十二月癸亥，門其三門。閏月戊寅，濟于陰阪，侵鄭。」杜注：「以長厤參校上下，此年不得有『閏月戊寅』、『戊寅』是十二月二十日。疑『閏月』當為『門五日』，『五』字上與『門』合為『閏』，則後學者轉『日』為『月』。」

賈、服諸家遺文無有，疑見不及此，杜深於歷數，令先儒俛首。至於諸先儒引公穀：夫
春秋之學，得三傳而事益詳、理愈明。故爲三傳者雖若各守家法，非斥異己，但引它傳以
廣此經傳義，實無可免者。左傳自劉歆力倡，後漢鄭興、賈逵等繼作，學乃漸盛。然爾時
治斯者，或先已習公穀，或受經學官兼理它傳：如劉歆兼通公穀，數以左氏優難父向（漢
書歆本傳）；鄭興「少學公羊春秋，晚善左氏傳」（後漢書興本傳）；子衆作長義專論公
羊短左氏長（公羊序疏）；賈逵從父徽受左傳，兼通穀梁，作長義云公羊理短左氏理長
（同上）；服虔入太學受今文經，以左傳駁何休之所駁漢事（後漢書虔本傳）。公穀既其
素習，擇采於是乎見。義例辨「綱要」五論左傳義例十八九皆劉歆輩附益，其中明鈔或暗
襲二傳者不下數十百事；賈逵用公穀今存四條，其中潁、服與之同者二條；服虔用公穀各
一條，其中一條與賈逵共采（參看東漢時代之春秋左氏學賈、服卷）。引二傳以解左氏，
固不足深病，即杜注亦多所引據（詳下注二五），第「膚引」，且「適足自亂」已論者，
資以曲說強通，則病甚矣。正義於此未遑舉示實證，余考莊二經：「公子慶父帥師伐於餘
丘。」杜注：「莊公時年十五，則慶父莊公庶兄。」正義：「莊公……以桓六年生，至此
二年爲十五。莊二十七年公羊傳曰『公子慶父，……莊公之母弟也』，左氏先儒用此爲說。
……釋例：『……公羊以爲莊公母弟，計其年歲既未能統軍，又無晉悼、王孫滿幼知之文，

此蓋公羊之妄，而先儒曾不覺悟，取以爲左氏義。』」此左氏先儒膚取公羊以解左氏經。又考宣十一經：「楚子入陳，納公孫寧、儀行父于陳。」傳：「……故書曰『楚子入陳，納公孫寧、儀行父于陳』，書有禮也。」釋例：「賈氏依放穀梁云：『稱「納」者，內、難之辭。』納公孫寧、儀行父于陳，言『書有禮』，不可言『內、難也』。」（正義引）此指摘賈逵取穀梁，適足以亂左氏經傳。復考莊元經：「元年春王正月。」傳：「……不稱即位，文姜出故也。」杜注：「莊公父弒母出，故不忍行即位之禮。據文姜未還，故傳稱『文姜出』也。」（經：「三月夫人孫于齊。」）公羊：「夫人固在齊矣，其言『孫于齊』何？念母也。正月以存君，念母以首事。」穀梁：「接練時，錄母之變，始人之也。」是公穀竝以當年三月文姜固已在齊，並非嘗還魯而三月復奔齊也，與杜說「三月始從魯去」異。斯乃「左氏先儒皆用此二傳說」。此斥先儒誤取二傳，亂左氏家法。

（二五）**預今所以為異至以俟後賢**：此節杜自言治經傳義例旨要。前三「傳」字謂左傳；「二傳」，公、穀也。條貫，條例也；即下文「義例」，文相互也。春秋經之義例，杜謂之「變例」，下文「推變例以正褒貶」是也。諸「凡」，謂周公之舊例「五十凡」（參看上注十七至十九）。　推變例以正褒貶者，正義出二例：例一、昭三經：「北燕伯款出奔齊。」傳：

「燕簡公多嬖寵，欲去諸大夫而立其寵人。冬，燕大夫比以殺公之外嬖，公懼，奔齊。書曰『北燕伯款出奔齊』，罪之也。」杜注：「不書大夫逐之而言奔，罪之也。」「書曰」是仲尼變例，推此變例因知貶蔡侯朱——昭二一經：「蔡侯朱出奔楚。」傳同經。傳下文雖無「書曰」云云略如昭三傳然，但據以推之當有，故釋例曰：「朱雖無罪，據失位而出奔，亦其咎也。」（杜序正義引）例二、宣十經：「齊崔氏出奔衞。」傳：「齊惠公卒。崔杼有寵於惠公。高、國畏其偪也，公卒而逐之，奔衞。書曰『崔氏』，非其罪也；且告以族，不以名。」杜序正義：「不書名者非其罪，則書名者是罪也。」推此以知稱欒盈名謂貶——襄二一經：「晉欒盈出奔楚。」傳同經。傳下文雖無「稱名，是其罪也」云云如宣十傳然，但推之當有，故杜注：「盈不能防閑其母，以取奔亡，稱名罪之。」　簡二傳句，正義：「若左氏不解，二傳有說，有是有非，可去可取，如是則簡選二傳，取其合義，而去其異端。」杜簡選公、穀以釋春秋經者，據杜注釋例，得其據公羊以釋經者二十一條，其中明引「公羊傳以爲」者尚得二條；據穀梁傳以釋經者雖祇八條，但其中明稱「穀梁」者即達二條；合據二傳以釋經者多至十一條，　其中直稱「公羊穀梁」者亦有三條：斯皆「左氏不解」，而二傳有說可取者。茲舉三例：一、莊二四經：「秋公至自齊杜注：「無，傳。」八月丁丑，夫人姜氏入敏案：左傳：「秋，哀姜至。」不言「入」，是亦經有傳無。」。」故杜注「入」曰：「公羊傳以爲姜氏要公，不與公俱入，蓋以孟任故。」公羊原文：「其言『入』何？難也。其言『曰』何？難也。其難奈何？夫人不僂，不可使入；與公有所約，然後入。」是杜援公羊以發春秋經之義例（清劉逢祿公羊何氏釋例有「夫人至例日」，節引公羊此文）二、成二經：「七月，齊侯使國佐如師。己酉，及國佐盟于爰婁。」左傳同，但爰婁之地望則無解，而穀梁有之：「案去國五百里，爰婁去國五十里。」杜注全引「穀梁曰」，僅改兩「國」爲兩「齊」字。三、莊六經：「冬，齊人來歸衞俘。」「俘」，左傳作「寶」，公穀則經傳竝作「寶」。杜經注：「公羊穀梁經傳皆言『衞寶』，此傳亦言『寶』，唯此經言『俘』，疑經誤。」釋例：「……衞寶，公羊穀梁經傳及左氏傳皆同，惟左氏經獨言『衞俘』。考三家經傳有六而其五皆言寶，此必左氏經之獨誤也。」（正義引）敏案：漢志著錄春秋古經十二篇，此左氏古文經；又著錄經十一篇，此公穀二家今文經。作俘者，古文𠈃（保，見說文八上人部）之形誤；經作寶者，今文本。是古今文異字。清趙坦春秋異文箋、清李富孫春秋左傳異文釋竝證𠈃（保）、寶古通，是也。唯葉政欣氏考杜氏甚至引公羊以釋左傳三條，則其簡公羊以釋又不限於「左氏不解」者矣。近人劉師培春秋左氏傳注例略（頁五）：「杜說隱襄二傳，厥誼尤繁：隱元年（經）『元年，及宋人盟於（于）宿』，（杜）注云『客、主無名，皆微者也』（敏案：公羊隱元傳：「孰及之？內之微者也。」穀梁隱元傳：「及者何？內卑者也。宋人，外卑者也。」）；（杜）又（注）曰

『凡盟以國地者，國主亦與盟』敏案：此二句下，杜注尙有「例在僖十九年」五字。考僖十九經「冬，會陳人蔡人楚人鄭人盟于齊。」杜注：「地於齊，齊亦與盟。」正義：「地於齊者，言卽以齊爲所盟之地也。傳稱陳穆公請脩桓公之好而爲此盟，明是齊亦與盟。地於齊而齊不序諸盟會，以國都而地主不列於序者，地主亦與盟會，皆以此而知之耳。」隱元經正義：「……齊人不序於列，而以齊爲盟地，是其盟以國地者，國主與盟之例。」則杜「凡盟」二句乃自創義例，非「隱襲二傳」。申叔所指擿，誤也。；二年『莒人入向』，（杜）注曰『將卑師少』敏案：此二句下杜注尙有「稱人弗地曰入例，在襄十三年」。杜此例陰取二傳，隱五經「衞師入盛」，公羊傳：「將尊師少稱將，將卑師衆稱師，將卑師少稱人。」穀梁傳：「將卑師衆曰師。」；『紀裂繻來逆女』，（杜）注曰『逆女或稱使或不稱使，昏（昬）禮不稱主人』敏案：公羊傳：「何以不稱使？婚禮不稱主人。」；『夫人子氏薨』，（杜）注云『隱讓桓以爲太（大）子，成其母喪以赴諸侯』敏案：正義：「五年『考仲子之宮』，公羊傳曰：「桓未君則曷爲祭仲子？隱爲桓立，故爲桓祭其母也。然則何言爾？成公意也。」：審繹詞旨，均本公羊。是其『膚引二傳』，雖劉、賈、許、潁亦弗若是之過也原申叔自注：均之采用二傳，杜說晚出，自弗若劉、賈說有師承。顧云『簡二傳而去異端』，夫豈然哉！」去異端，正義：「先儒取二傳多矣，杜不取者，是去異端也。」孔僅後於此序之篇末舉一實事曰：「此敏案：謂公羊哀十四傳「孔子反袂拭面，曰：吾道窮矣」云云。則上文所謂『簡二傳而去異端』。豈有『反袂拭面，涕下沾袍』？以虛而不經，故不取也。」（詳下注三四）余別據杜注釋例考之，得元凱注傳「據左氏而顯異公穀二傳例」凡七條，茲舉其一：定元經：「六月戊辰，公即位。」杜注：「定公不得以正月即位，失其時，故詳而日之：記事之宜。無義例。」公羊傳：「即位不日，此何以日？錄乎內也。」（公羊何氏釋例「時月日例」節引此傳）穀梁傳：「先君無正終，則後君無正始也。……『戊辰，公即位』，謹之也。……公即位，何以日也？……著之也。何著焉？踰年即位，厲也。」（清許桂林穀梁釋例「時月日書法三」——即位：以爲傳發二義例）杜謂「記事之宜」，而二傳謂是義例，杜視之爲「異端」顯然。　杜解經傳疑則闕之，釋例「終篇」嘗自言其旨要：「去聖久遠，古文、篆、隸歷代相變，自然當有錯誤，亦不可拘文以害意，故聖人貴聞一而知二，賢史之闕文也。今左氏有無傳之經，亦有無經之傳；無經之傳，或可廣文，無傳之經，則不知其事。又有事由於魯，魯君親之而復不書者。先儒或強爲之說，或沒而不說。疑在闕文，誠難以意理推之。」（正義引）因字體轉變致譌之例，如古文保誤作仔（已見前文）。經闕文例，如莊二二經：「夏五月。」傳無。釋例：「年之四時，雖或無事，必空書首月，以紀時變，以明歷數。莊公獨稱『夏五月』，及經四時有不具者，丘明無文，皆闕繆也。」（正義引）誤文例，如桓十七經：「癸巳，葬蔡桓侯。」杜注：「無傳。稱侯，蓋謬誤。」正義：「五等諸侯卒則各書其爵，葬則舉謚稱『公』，禮之常也。此無貶責而獨稱『侯』（敏案：周武王始封弟叔度於蔡，爵侯。），故云『蓋謬誤』也。」傳誤文例，如桓元傳：「鄭伯拜盟（敏案：此無經之傳。）。」杜注：「鄭伯若自來，則經不書；若遣使，則當言『鄭人』，不得稱『鄭伯』，疑謬誤。」以上經傳三事皆杜以義例律之，因知有闕誤者。杜於經傳義有所不曉者，則闕之不解，而志疑於下，如桓十一經：「齊人、衞人、鄭人盟于惡曹。」杜

注：「惡曹，地闕。」不知其地望，故闕而不言（清沈欽韓春秋左氏傳地名補注一：「惡曹，蓋烏曹之異文，在今衞輝府延津縣東南。」）。又如僖四傳：「爾貢包茅不入。」杜注：「尚書『包匭菁茅』，茅之爲異，未審。」（杜云未審者，其詳見正義，此不煩引。）又如僖三一傳：「鄭洩駕惡公子瑕，鄭伯亦惡之，故公子瑕出奔楚。」杜注：「洩駕亦鄭大夫，隱五年『洩駕』距此九十年，疑非一人。」

（三六）**然劉子駿**至**以見同異**：此節論前漢末劉歆及後漢賈徽賈逵父子、許淑、潁容五家之左傳學。劉向之少子歆（？——二三），漢書卷三六本傳：「字子駿。……及歆校秘書，見古文春秋左氏傳，歆大好之。……初，左氏傳多古字古言，學者傳訓故而已，及歆治左氏，引傳文以解經，轉相發明，由是章句、義理備焉。……及歆親近，欲建立左氏春秋，……。」歆以前左傳學，治者（賈誼、貫公、陳欽輩：參見上注二四）止於訓詁而已；洎乎歆，訓詁之外，更闡明義理，著春秋左氏傳章句、春秋左氏傳條例（二書竝佚，玉函山房輯佚書輯章句佚文二十節），左傳之有章句、條例專著皆自茲始作，「由是章句（注經體裁之一種，視解詁爲繁。）、義理備焉」。故杜序贊其「創通大義」。其後賈、許、潁多祖述其說（亦參上注二四）。賈徽字元伯，八世祖誼。徽從劉歆受左氏春秋，作左氏條例二十一篇（見後漢書卷六六賈逵傳，釋文序錄略同），左氏條例殆祖述其師條例者，惜盡佚。徽子逵（三〇——一〇一），史本傳：「字景伯。……悉傳父業，弱冠能誦左氏傳及五經本文。……雖爲古學，兼通五家穀梁之說。……尤明左氏傳、國語，爲之解詁五十一篇。……帝善逵說，使發出左氏傳大義長於二傳者（敏案：逵領詔，著春秋左氏長義四十一事。）」（清王謨漢魏遺書鈔及黃奭黃氏逸書考竝輯解詁，玉函山房輯佚書、清李貽德左傳賈服注輯述、近人程南洲東漢時代之春秋左氏學及漢儒賈逵之春秋左氏學皆有解詁、長義二書輯本）。解詁殆沿歆章句而下，大義則歆條例之發揮。　許淑，釋文序錄：「太中大夫許淑（原注：「字惠卿，魏郡人。」）……注解左氏傳。」後漢書卷六六范升傳：「升……遂與太中大夫許淑等互相辯難。」續漢書律曆志中：「建武八年中，太中大夫許淑等數上書言曆不正。」姚志據此謂淑「亦長于曆數者，與鄭少贛興、賈元伯同輩，亦及見劉歆，學術相同。」淑左傳注，直自歆章句來，書佚，玉函山房輯佚書輯佚文六節，馬國翰曰：「皆與劉歆、賈逵同說，則杜序所謂『大體轉相祖述』，漢人篤守師法，於此益信矣。」程氏東漢時代之春秋左氏學亦有輯本。　潁容，後漢書卷一〇九下本傳：「字子嚴。……博學多通，善春秋左氏，師事太尉楊賜。……著春秋左氏條例五萬餘言。」容所受於師者，今文也，然「博學多通」，兼通古文左傳而善之，其條例一書，爲自歆下一脈相傳之學，漢魏遺書鈔、玉函山房輯佚書、程氏東漢時代之春秋左氏學皆輯有佚文，存二十餘條（容氏左傳學，拙著季漢荆州經學（上）有論）。杜氏作經傳集解用先儒說，絕不舉其名氏，蓋注例如此。此云「特舉劉賈許潁」云云，皆僅見舉於釋例。正義：「四家敏案：賈徽逵父子二家，當言五家。差長，特舉其違，以見同異。」違者，謂五家說異乎己者：若隱四經：「公及宋公遇于清。」劉、賈曰：「遇者，用冬遇之禮。」（正義引）釋例難之曰：「遇者，倉卒簡儀，若道路相逢遇者耳敏案：杜注：「遇者，草次之期，二國各簡其禮，若道路相逢遇也。」同。。周禮『諸侯冬見天子曰「遇」敏案：春官大宗伯文；秋官大行人：「冬遇以協諸侯之慮。」』，劉氏因此名以說春秋，自與傳違。案：禮『春曰朝，夏曰宗，秋曰覲，冬曰遇』，此四時之名；今者，春秋不皆同之。於禮，冬見天子，當是百官備物之時；而云遇，禮簡易。（僖十四）經書『季姬及鄫子遇于防』，此婦呼夫共朝，豈當復用見天子之禮？於理皆違。是言春秋之遇，與周禮冬遇異也。」（正義引）又若「衞州吁弑其君完。」釋例：「賈氏以爲『弑君取國，故以國言之』，案：公子商人亦弑君取國，而獨稱公子；宋督，賈氏以爲『督有無君之心，故去氏』，案：傳自以先書弑君見義，不在於氏也；宋萬，賈氏以爲『未賜族』，案：傳稱『南宮長萬』，則爲已氏南宮，不得爲未賜族也；執殺大夫、不書族者二事，楚殺得臣與宜申，賈氏皆以爲『陋』，案：楚殺大夫公子側、大夫成熊之等六、七人，皆稱氏族，無爲獨於此二人陋也。」（正義引）再若桓五傳：「龍見而雩。」杜注：「龍見，建巳之月（四月）。」釋例：「月令之書，出自呂不韋，其意欲爲秦制，非古典也。潁氏因之，以爲『龍見五月』。五月之時，龍星已過於見，此爲強牽天宿以附會不韋之月令。非所據而據，旣以不安，又自違左氏傳稱『秋大雩，書不時』，此『秋』即潁氏之『五月』，而忘其『不時』之文，而欲以雩祭，是言月令不得與傳合也。」（正義引）末若桓三經：「有年。」杜注：「五穀皆熟書有年。」釋例：「劉、賈、許因『有年』、『大有年』（敏案：宣十六經：「冬，大有年。」）之經，『有鸜鵒來巢，書所無』之傳（昭二五），以爲經諸言『有』皆『不宜有』之辭也。據經『螟』、『螽』不書『有』（敏案：經隱五、八與莊六皆書「螟」，不曰「有螟」；經桓五、文八、宣六與十三與十五、襄七、哀十二與十三皆書「螽」，不曰「有螽」。），傳發於魯之無鸜鵒，不以『有』字爲例也。……螟、螽俱是非常之災，亦不可謂其『宜有』也。」（正義引）釋例明五家異乎己說奮筆排擊者尚多，可參看杜注釋例「第三、杜注異漢儒說例」。

㈦**分經之年**至**經傳集解**：此節言集合春秋經與左傳解之。經、傳分別爲書，先秦已然，古本周易，經（卦、卦辭、爻辭）、傳（十翼）不共卷足證。漢儒經解，初亦不與經文厠雜，三家詩傳、歐陽夏侯尚書章句解詁、施孟梁丘易注，莫不同然。第自「馬融（七九—一六六）爲周禮之註，乃云『欲省學者兩讀，故具載本文』，然則後漢以來，始就經爲註。」（毛詩正義卷一周南關雎詁訓傳下）唯或者論使經、傳相連，起於西漢元、成間費直易著，茲考正如下：漢書儒林費直傳：「費直……治易……，亡有無字章句，徒以彖、象、系辭十篇文言解說上下經。」釋文序錄：「費直……無章句，徒以彖、象、繫辭、文言解說上下經。」（費傳「文言」與「十篇」誤倒，當據釋文乙正；宋吳仁杰古周易自序謂「文」爲「之」誤，臆說）周易上下經與傳——十翼本分列，歐陽脩謂「專以彖、象、文言等參解卦爻，凡以彖、象、文言雜入卦中者，自費氏始」（崇文總目序，見清錢侗輯釋卷一）。

斂案：西漢章句者，今文家之經注也，其體繁瑣。古文費公解易，不爲繁文，僅取彖、象、繫、文言解經，視章句爲大簡。另一古文家高相解易，亦無章句，自言出於丁將軍，丁氏易著，訓故舉大義，人號之曰「小章句」，迥異時尚之繁瑣章句，故高氏師效之。以推費著，殆亦簡省之章句。費公僅僅視需要參取四翼傳，益以己說，用簡注卦爻，非如今文繁瑣章句學，具文飾說，動數百千言，故儒林傳昭其宗風，云「徒以翼傳解經」，未嘗指費公引傳附經。且繫辭或總說全經，或言筮法，或概論爻象，不可一一割裂附經明人有強裁繫傳一一附經篇者，比附多失。倫。故後世從歐公論易經傳廁雜自費始者如皮錫瑞經學通論卷一，一皆失考。雜廁易經、傳，自東漢鄭玄（馬融弟子）作偁，三國志魏書高貴鄉公紀：「帝幸太學，問曰：『孔子作彖、象，鄭玄作注。雖聖賢不同，其所釋經義一也。今彖、象不與經文相連，而注連之，何也？』」（淳于）俊對曰：『鄭玄合彖、象于經者，欲使學者尋省易了也。』帝曰：『若鄭玄合之，於學誠便，則孔子曷爲不合以了學者乎？』俊對曰：『孔子恐其與文王相亂，是以不合，此聖人以不合爲謙。』」此明以彖、象連經——卦爻，始乎鄭易注。及至王弼，乃更以乾坤二卦各附以文言四庫提要主此說，如今唐正義之本即是也。　即春秋三傳，初亦經、傳分離，故漢志首著錄「春秋古經十二篇、經今文十一卷」，繼著錄「左氏傳三十卷、公羊傳十一卷、穀梁傳十一卷」。漢石經刊七書，春秋經、公羊傳各爲一經，魏石經刊古文左傳，亦與春秋古經分別，兩石經殘文今尚可驗。第近人陳直氏關中秦漢陶錄提要（在摹廬叢著七種頁四三六—七）：「漢元和公羊草隸磚：『一九二五年西安南鄉曾出草隸平面磚一大批，……其中有元和年號者，及公羊傳文兩塊。……第二品文五行，……文云：「元年春王正月元年者何君之始年也春者何歲之始也王者孰謂〻文王也曷爲先言王而後正月王之正月也何言乎王正月大一統也。」磚文刻于章帝元和二年。……此磚……有一特點，是經文與傳文相聯。……孔穎達詩正義云：「漢初爲傳訓者，皆與經別行原引，脫字，故石經公羊殘碑無經詩正義作「石經書公羊傳皆無經文」，何休解詁亦但釋傳敏案：何注兼及經、傳，陳氏失考。，分經附傳，大抵漢後人爲之何休以下非詩正義文，陳氏引書，何太疎耶？。」……清儒多謂：春秋三傳漢之時本經與傳離，漢以後始經與傳合，左傳經傳相聯，始于杜預，公羊始于東漢以後，穀梁始于范甯。今以塼文證之，分明經傳相聯，與石經公羊殘碑經、傳相離不同。足證兩種形式在漢代均可適用，此清儒解經者之所未知，地下新史料之可貴如此。』」（陳另著文史考古論叢頁五三三、漢書新證卷二亦並有說，旨同）敏案：塼局狹小，容字無幾，爲求多載，經、傳勢必連文；苟欲依倣竹帛書式，經、傳分塼鑄刻，又虞時而兩器別置，令比附失從。且此品先載經首句「元年春王正月」，繼以公羊「元年者何」云云釋之，不過引傳解經如劉歆左氏章句，非馬融禮傳之具文備注可擬。意者：倘或陶製者需載經文多條，而又力能令各塼依序安置，其或將總傳文別立經後，一若漢魏石經公羊左氏經傳不相廁雜之式歟！且夫瓦甓陶凷，意在飾玩，必據以考定經注體式，謂東漢中葉之前已行經、傳相聯若陳氏所言，非通人之論也。　夫左傳原名左氏春秋，本非解春秋經之專作，固各自爲袟。或謂西漢末劉歆（？—二三）先已集合經、傳，茲辨正如下：漢書劉歆傳：「……及歆校秘書，見古文春秋左氏傳，歆大好之。……初，左氏傳多古字古言，學者傳訓詁而已（敏案：如儒林傳：「（賈）誼爲左氏傳訓故。授趙人貫公，爲河間獻王博士。」是也。）及歆治左氏，引傳文以解經，轉相發明，由是章句義理備焉。」引左傳文字以解說春秋經者，謂苟有必要乃援傳以解經，一若費直以翼傳解說易經然；非謂無論有無必要渾將傳文一一割附經下（注意：費、劉並未『具載』經本文，如後之馬融注周禮所爲者），矧二百四十二年間，有經有傳無，或傳有經無，固亦不克一一比附，此與杜氏之依年相比併——「分經之年與傳之年相附」異絕。其所成就之章句，謂注釋；義理，姚志：「即條例」；左氏有條例，自歆始。」則歆已自著春秋左氏傳章句條例。合觀其逸文及歆本傳，歆書尙未以經、傳雜廁。然則附經合傳，起東漢初賈逵乎？曰：否。夫劉歆之春秋左氏學傳賈徽，徽傳子逵，逵撰春秋左氏傳解詁三十卷（後漢書逵本傳；逵此著，亦見釋文序錄、隋志著錄）。逵此著三十卷，同左傳白文卷數（見漢志著錄），今存佚文（詳清李貽德春秋左傳賈服注輯述），其或關涉經傳分合者祇得一條：僖三三左傳「葬僖公，緩作主，非禮也。凡君薨，卒哭而祔，祔而作主，特祀於主，烝嘗禘於廟」，賈氏當是逵以爲：「僖公始不順祀，生則致哀姜，終則小寢以慢典常，故其子文公緣事生邪志，作主陵遲；于是文公復有夫人歸，嗣子罹咎，傳故上繫此文于僖公篇。迂哉！」（釋例卷四引）逵謂此「葬僖公緩」共廿九字「當繫文而繫於僖公之終篇，明僖有以啓之也」（李貽德曰），且譏上繫僖篇爲「迂」，明舊本左傳如此，逵解詁依用不變，非關分經附傳。隋志著錄逵另著春秋左氏經傳朱墨列或爲別之誤一卷，殆擇取經傳本文或許有關義例之文，參看姚志。以相比合，止一卷，絕非全經十二全傳三十篇也。於杜注集合經傳有啓發，但言杜本據賈本則不可也。唯南齊書卷三九陸澄傳曰：「時國學置……杜、服春秋，……澄……與（王）儉書論之曰：『左氏太元取服虔，而兼取賈逵經，（由）服傳無經，（經）雖在注中，而傳又有無經者故也。今留服而去賈，則經有所闕。』」云服傳無經，謂服虔所撰春秋左氏傳解誼三十卷釋文序錄經、傳原分別爲書，至東晉太元中而經卷亡逸；云經在注中，謂服氏解誼於必要時引經文與傳文合證，但傳文不必處處皆需引經合證，故服氏解誼中散存經文闕而不完也。賈逵春秋左氏傳三十卷，亦經、傳分別爲書而至此（齊永明中）竝全存，逵書與服書皆漢人著作，澄欲存漢本，故與「留服去賈，則經有所闕」之歎。若杜氏之合經附傳本果依賈本之舊，則杜學時立學官，經文無闕，杜本經文又即賈本經文，澄何必惜賈之見去耶？且儉答書曰：「賈氏注經，世所罕習。」則賈單爲經作注獨爲一本，語尤明確。乃癸巳類稿據澄語推度，云「賈氏所得劉（歆）本，亦傳附經也」，失考殊甚！

囊之稽左傳古本，資春秋經、傳、注、疏以考求者，大抵類爲四節，若：壹、隱公卷開篇：「傳：『惠公元妃孟子至隱公立而奉之。』」傳文凡五十八字，繼以「傳：『元年春，王周正月，不書即位，攝也』」云云，而中間隔以春秋經。俞樾左傳古本分年考（下引同）：「……五十八字即當連屬於『元年春，王周正月』之上。」楊向奎左傳古本說（下引同）：「自『惠公元妃孟子』一段至『攝也』，實不可分，前段乃說明隱公攝位之由者，杜預強置經前，殊失當。」以爲杜分經附傳時將五十八字提置經前，乃令兩段傳文隔間。楊注：「此與下傳『元年春王（周）正月，不書即位，攝也』爲一傳，後人分傳之年，必以『某年』另起，故將此段提前而與下文隔絕。」是也。惟又曰：「杜注云『爲經元年春不書即位』傳，則所見本已妄爲分割矣。」夫杜依舊本署注，謂此五十八字乃後傳文之注，持以證分經附傳在杜氏之前已有，容有未適楊氏類此注論多有，不復一一辨難。，楊說不可從。

貳、唐石經本襄二六卷首左傳：「會于夷儀之歲至成而不結。」凡卅五字，杜注：「傳為後年『脩成』敏案：謂二六年傳：「春，秦伯之弟鍼如晉脩成。」起，當繼前年二十五年之末，而特跳此者，傳寫失之。」釋文音義：「此傳本為後年『脩成』，當續前卷二十五年之傳後；簡編爛脫，後人傳寫，因以在此耳。」正義：「丘明作傳，使文勢相接，為後年之事而年前發端者多矣。……此為後年『修成』發，其前『成不結』，其事與彼相類，不宜獨載卷首，知其當繼前年之末也。而特跳出在於此卷之首者，是傳寫之失也。」俞樾曰：「『會于夷儀之歲』以下一段文字，本在『二十六年春』左傳之上，以經文自「二十有六年春」至「葬許靈公」橫隔其中，非左氏原本矣。然其不在二十七敏案：五之誤。傳末，正足考見左氏之舊。」元敏謹案：楊注頁一一〇九同引俞樾左傳古本分年考，與此甚異，疑乃自竹添光鴻左傳會箋卷十八頁一販稗，又加節略，非盡曲園古本考文。則杜悉仍舊本，唯將春秋經插隔兩段傳文之間而已。

叁、僖公三三卷末左傳：「葬僖公緩，作主非禮也至烝嘗禘於廟。」凡廿九字，杜注：「……當次在（文公元年）經『葬僖公』下，今在此，簡編倒錯。」正義：「杜以此年空說葬事，而其上無經；文元年空舉經，而其下無傳，故謂此年之傳當在彼經之下。」文元左傳：「夏四月丁巳，葬僖公。」杜注：「傳皆不虛載經文敏案：春秋經「夏四月丁巳，葬我君僖公。」與左傳同，故杜云是「傳」載「經」之文。，而此經敏案：其實是傳。孤見，知僖公末年傳宜在此下。」賈逵本左傳已繫此廿九字於僖公卷方見上引；

亦非賈改易，舊本固已若此。則杜亦悉依舊本，亦僅將文元年經插置僖卷末與文卷首間而已。　肆、前卷末左傳文，啓發後卷首傳文，前後記事相連，當合爲一卷；今分屬兩卷者，杜氏分經附傳之失，近人楊樹達讀左傳，於莊十一傳卷末云「乘丘之役至病之」當與十二年傳卷首「十二年秋，宋萬弒閔公于蒙澤」合爲一傳，由「杜取傳附經誤析」。類此兩段傳文當合而今分之例尚多，別參看俞、楊二氏考左傳古本。當合而竟離分者，俞氏論曰：「凡左氏之傳，本非年各爲篇。以上諸條，皆牽連爲文，初無間隔。至後人合傳於經，乃始有經文閒隔其中，而又編次失當；每年必以年建首，年以前所有文字一一割歸上年之末，於是文義多不可通。」楊向奎曰：「終漢之世，經、傳別行，至杜預作春秋經傳集解，始『分經之年與傳之年相附比』，而因之乃有一事隔爲兩年者，致使辭意不接，形式乖忤。若經與傳別行，則前後相接，此弊可免。然分傳解經者，若能打破每年冠年、每月冠月之例，而以事爲主，年月之上不礙有字，離碎之弊亦可免也。」　綜上所討，杜注左傳，悉據舊本，未嘗少作更定。舊本當出賈逵解詁（以釋例引賈注僖三三年知之，上已兩及。），賈本受父，父徽傳劉歆學，則杜本正沿漢中書藏本之舊，西京張蒼所獻卅卷本也。但依年分經附傳，離析原卷，俞正燮以爲自歆、逵，竹添氏、楊伯峻等以爲杜預前已有，皆失；二楊樹達、向奎斷自杜公，洵是也。杜公始析分各年之經，使按年分附於各傳之上；比近經與傳，令歲月、事情、義理兩兩相屬，名經傳集解。史本傳謂杜「旣立功之後，從容無事，乃耽思經籍，爲春秋左氏經傳集解」，王隱晉書曰「（預）乃錯綜微言，著春秋左氏經傳集解」（三國志杜恕傳注引），春秋學著述，前乎杜注無是名也。集合經傳，實杜公創首，釋文卷十五春秋左氏音義卷一曰：「舊夫子之經與丘明之傳各卷，杜氏合而釋之，故曰『經傳集解』。」孔穎達申其不得不合之故曰：「丘明作傳，不敢與聖言相亂，故與經別行。……經傳異處，於省覽爲煩，故杜分年相附，別其經、傳，聚集而解之。」（杜序正義）又曰：「杜元凱又爲左氏集解，專取丘明之傳以釋孔氏之經，所謂子應乎母，以膠投漆，雖欲勿合，其可離乎？」（春秋正義序） 然而近人周大樸訓詁學要略頁八五曰：「司馬遷史記三代世表的自注，一定不能離開史記而單獨成篇。由此可知，自西漢以來就有把傳注附列經下的體式。祇是這種體式也許是在鄭玄、王肅以後才開始盛行的。」斂案：所謂世表自注連所注文，指表「宋微子啓」馬遷自注「紂庶兄」相連之類，班固漢書藝文志亦多行此體式，如著錄「易傳周氏二篇」連下自注曰「字王孫也」之類。夫班馬自注及其所注，皆爲同一人語言，亦即同爲一書，而漢人經、注及春秋經、三傳，則各原爲兩書，彼此迥異；矧經尊傳注卑，不容相亂，又與班馬表志自解連其下者逕庭；周君比次失倫。

此書，杜氏旣注解春秋經，又注解左傳，凡三十卷，釋文序錄、隋志、舊唐志云：「春秋左氏傳，杜預注。」、新唐志省略「春秋」二字、宋志「左氏」下衍「傳」字、清丁國鈞、文廷式、秦榮光、黃逢元四家「補晉藝文志」及吳士鑑補晉書經籍志皆著於錄。今存早期刻本，有宋刊本春秋經傳集解三十卷、明覆刊宋淳熙三年閩山阮氏種德堂巾箱本春秋經傳集解三十卷附春秋名號歸一圖二卷有陸德明釋文：見國立故宮博物院善本舊籍總目頁四二一—四三。

(三八)**又別集諸例**至**釋例詳之也**：此節述其春秋釋例之所以作。「釋例」全名曰「春秋釋例」參下文。其書內容，正義：「言『諸例』及『地名』、『譜第』、『厤數』三者雖春秋之事，於經傳無『例』者繁多，以特爲篇卷不與諸例相同，故言『及』也。事同則爲部，小異則附出，孤經不及『例』者，聚於『終篇』，故言『相與爲部』也。其四十部次第，從『隱即位』（見隱元年經傳）爲首，先有其事則先次之。唯『世族』、『土地』事既非例，故退之於後；『終篇』宜最處末，故次終篇之前——『終篇』處其終耳。土地之名起於『宋、衞遇于垂』（見隱八年經傳），世族譜起於『無駭卒』（見隱八年經傳，釋例今佚此條）；『無駭卒』在『遇垂』之後，故『地名』在『世族』之前也。」敏案：①序既以「諸例」與「（土）地名」等三者連文分舉，則「（土）地名」等原不屬義例疇範，故正義以爲此三者「不與諸例相同」，又曰「『世族』、『土地』事既非例」也。②全書久佚，清四庫館臣自永樂大典輯出佚文，又據它書補文校譌，莊述祖、孫星衍重校刻（余此據臺灣中華書局影印古經解彙函本）之殘本，仍釐爲十五卷，前四卷爲「諸例」，曰公即位例、會盟朝聘例、戰敗例、母弟例、弔贈葬例、大夫卒例、滅取人例、氏族例、爵命例、內外君臣逆女例、內女夫人卒葬例、侵伐襲例、災異例、崩薨卒例、書弒例、及會例、蒐狩例、廟室例、土功例、歸獻例、歸入納例、班序譜（例）、公行至例、郊雩烝嘗例、王侯夫人出奔例、執大夫行人例、書諡例、書判例、書次例、遷降例、以歸例、夫人內女歸寧例、大夫奔例、逃潰例、殺世子大夫例、作新門廐例、作主禘例、得獲例、執諸侯例、喪稱例、告朔例、戕殺例，凡四十二例。崇文總目云「凡五十三例」若果可信，則今本佚缺十一例，惜不知所缺何目。又杜孔謂四十部，乃合「諸例」及「地名」等三事言之，今書闕有間，四十之數亦不知如何計算。③觀今存四十二例，不過將二百四十二年間事類聚排比而爲之釋，遂觀其褒貶，故正義曰：「春秋記事之書，前人後人行事相類，書其行事不得不有比例，而散在他年非相比校則善惡不章，褒貶不明，故杜別集諸例從而釋之。」而釋例卷五至十五「土地名」（序省作「地名」）、「世族譜」（序作「譜第」）、「經傳長歷」（序作「厤數」，王隱晉書「（預）又作『春秋長厤』」即此「經傳長歷」，但以爲不在釋例中，失之矣。），亦分別將地名、氏族、年曆分類依時排比，雖其間極少義例可言，但附於五十三例之後，以「近義例」文組視之固宜。至全書之末綴以「終篇」者，蓋「例」

賴「比」而後成，「孤」事不得爲「例」，杜將此類「散義」總歸於此一篇，是「終篇」可與前四卷「諸例」同功。　此書之著錄，釋文序錄、隋志、舊唐志（書名作「春秋左氏傳例」）、新唐志（書名作「左氏、經傳釋例」）、崇文總目、通志略藝文略、宋志等皆著錄十五卷，唯元吳萊淵穎吳先生集卷十二春秋釋例後題稱四十卷，疑誤以杜序「四十部」爲全書總卷數。　又釋例一書包容雜繁，後世有將其中子題析出別行爲一書者，計有五書：①春秋謚法一卷，宋志著錄，原注：「即杜預春秋釋例法篇。」茲考釋例卷四有書謚例，「法篇」（秦氏志引作「謚篇」），殆即此文。②春秋釋例地名譜，通志略藝文略卷一著錄，茲考釋例存「土地名」三卷，「地名譜」應即此文，觀其題名上冒以「春秋釋例」，其原爲釋例小目尤確。③古今書春秋盟會地圖別集疏一卷，史本傳與王隱晉書均載杜又撰盟會圖，即此書，第謂原在釋例之外，失之，釋例卷五：「據今天下郡國縣邑之名、山川道涂之實，爰及四表，自人迹所逮、舟車所通，皆圖而備之。然後以春秋諸國邑盟會地名各所在附列之，名曰『古今書春秋盟會圖別集疏』一卷，附之釋例，博而備矣。」可見此圖原爲釋例土地名本卷之附圖；圖今盡佚。隋志：「梁有古今春秋盟會地圖一卷，亡。」據梁阮孝緒七錄爲說，即此書；書名有所省改。④小公子譜六卷，通志略藝文略卷一著錄。四庫本釋例卷八世族譜標題下原案曰：「鄭樵通志引此篇作『小公子譜』。」是即世族譜，名異而實同。但宋志則著錄「杜預春秋世譜七卷」，疑其誤通志略藝文略卷一所著錄之不題撰者之「春秋世譜七卷」爲杜預作。丁志謂小公子譜六卷即春秋世譜(七卷)，殆從宋志而誤歟！⑤春秋長厤，史本傳、王隱晉書、秦氏志據晉書律厤志咸著於錄，即從釋例「經傳長歷」析出單行者也。杜氏注解經傳本文名「經傳集解」(方見上注)，不與魏何晏論語集解體裁同，正義：「……故杜分年相附，別其經傳，聚集而解之。杜言『集解』，謂聚集經傳爲之作解；何晏『論語集解』，乃聚集諸家義理以解論語，言同而意異也。」癸巳類稿卷五春秋左傳書式考：「正義云『言集經傳解之，與它名「集解」者名同實異』，正義之說非是。杜謂集古劉賈許潁之不違者，以其解隨經年傳年先後相附，……故名『經傳集解』，不名『集經傳解』也。」敏案：杜明言比合經與傳，「各隨而解之」(「之」謂經、傳。)，名「經傳集解」，是集合經、傳，非集劉賈五家說也。矧杜氏集解絕不明著五家之說，與何平叔集漢魏等家論語說之幾乎一一記其名氏者異，則正義說不可易也(參見上注二七)。杜氏集解有用先儒說者，依其體製，一概不煩著其出處，云「特舉劉賈許潁之違，以見同異」(方見上注)，而「將令學者觀其所聚異同之說」，則均於「釋例」詳之也。釋例多舉五漢儒說，此外又往往稱「舊說曰」、「先儒以爲」云云，皆從而辨其同異。乃惠棟春秋左傳補註序曰：「杜元凱爲春秋集解，雖根本前修，而不著其說。」清陳壽祺左海文集答高雨農舍人書：「杜預注左氏傳，排擊先儒，奮筆私淑，其善者多出賈、服而深沒本末，其謬者每出師心而恆乖經意。」杜序所揭體要，及釋例一書，二家皆未遑詳考，責杜未盡是。近人錢基博經學通志頁一九三：「預乃空舉劉賈許潁，而『集解』中不著其名；溷昔賢于己說，迹近乾沒。」謂杜空於序中舉五家名；釋例多引其說，非空舉也審矣。

或曰：「春秋之作，左傳及穀梁無明文。說者以爲仲尼自衞反魯，脩春秋，立素王；丘明爲素臣。言公羊者亦云：黜周而王魯，危行言孫，以辟當時之害，故微其文、隱其義。公羊經止『獲麟』，而左氏經終『孔丘卒』。敢問所安(二九)？」

【疏證】 以上第十一段：又設或人問孔子作春秋之時際、孔子與左丘明爲素王素臣，及公羊與左氏說異同。

(廿九)**或曰春秋**至**敢問所安**：方見段旨，同。　杜謂孔子作春秋，三傳唯公羊有明文，正義：「據杜云『左傳及穀梁無明文』，則指公羊有其顯說。今驗何休所注公羊，亦無作春秋之事。案：孔舒元公羊傳本云：『十有四年春，西狩獲麟。何以書？記異也。今麟非常之獸。其爲非常之獸柰何？有王者則至，無王者則不至。然則孰爲而至？爲孔子之作春秋。』是有成文也。左傳及穀梁則無明文。」敏案：「記異也」以上，何休本有，字小異；「今麟至「柰何」，何本僅有「非中國之獸也」一句；「有王者」至「則不至」，何本同；以下二句明言孔子作春秋，極爲重要，何本無。清臧琳經義雜記「孔舒元公羊傳」條見皇清經解：卷一九六「案：孔舒元未詳何時人，儒林傳及六藝論原注：見公羊序疏。皆無之。隋志有春秋公羊傳十四卷，孔衍集解。未知是否原注：禮堂謹案：釋文序錄公羊、穀梁俱有孔衍集解十四卷。字舒元，魯人，東晉廣陵相。。杜氏作序，既所據用，則爲古本可知矣。」（孔衍舒元，晉書儒林有傳，稱其「經學深博，凡所撰述百餘萬言」。其公羊傳集解，兩唐志竝著錄，題孔氏撰，孔氏殆即衍。書佚，玉函山房輯佚書續編有輯本）徐彥亦嘗見古本公羊傳，文十六經「盟于犀丘」疏：「『正本』作菑丘，故賈氏：『公羊曰「菑丘」、穀梁曰「師丘」』，是也。」臧氏經義雜記「公羊經菑邱」條：「據此敏案：指賈逵語，見上引。方知公羊經本作菑邱，當從賈氏所見本。……公羊疏，唐以前人爲之，所據皆晉宋古書，故猶見『正本』與賈景伯合也。」左、穀亦記孔子作春秋，而說未甚顯著（參見上注十），故正義曰「無明文」也。　說者，謂說春秋者漢晉諸儒董仲舒、賈逵等（詳下文）。孔子「自衞反魯」（文見論語子罕子曰），在魯哀公十一年冬（論語何晏集解引鄭玄曰；參看錢穆先生先秦諸子繫年卷一「孔子自衞返魯攷」）。素王：夏商之際伊尹爲湯「言素王及九主之事」（史記殷本紀），索隱：「素王者，太素上皇，其道質素，故稱素王。九主者，三皇五帝及夏禹。」以素爲樸質，素王爲古帝王，比三皇遂遠。莊子天道：「虛靜恬淡，寂漠无爲者，萬物之本也。……以此處上，帝王天子之德也；以此處下，玄聖、素王之道也。」晉郭象注：「有其道爲天下所歸而無其爵者，所謂『素王』，自貴也。」唐成玄英疏：「有其道而無其爵者，所謂『玄聖、素王』，自貴者也，即老君、尼父是也。」是戰國人即以素王屬孔子，唯未明言。素，空也（廣雅釋詁三、詩魏風伐檀毛傳）；素王，正義：「孔子家語（本姓解）稱：齊大史子餘歎美孔子言云『天其（二字，今本家語作「天將欲與」）素王之乎』！素，空也，言無位而空王之也。」謂孔子有王者之德，而無王者之位，故「空王之」。漢晉人多尊孔子爲素王，劉安（前一七九—前一二二）淮南子主術：「孔子專行教道，以成素王。」始明以素王屬孔子；「教道」，通指六經之教，故淮南王尚未以春秋經成書爲孔子唯一受尊爲素王之文。董仲舒（前一七六—前一〇四）對武帝策（漢書卷五六本傳）曰：「孔子作春秋，先正王而繫萬事，見素王之文焉。」史記太史公自序：「壺遂曰：孔子之時，上無明君，下不得任用，故作春秋，垂空文以斷禮義，當一王之法。」當一王之法意即正王繫事而見素王之文。始昌言孔子所作春秋，爲素王之文；易言之，孔子受尊爲素王，由手撰春秋經也。說苑貴德：「孔子……退作春秋，明素王之道以示後人。」同董策。西漢哀平之際讖緯書大出，其春秋緯曰：「麟出周亡，故立春秋，制素王，授當興也。」（文選幽通賦李善注引）制素王，即建制素王之法——春秋經也。論語崇爵讖：「子夏六十四人共撰仲尼微言，以當素王。」（昭明文選卷二九曹攄思友人詩注引；又據卷四三劉歆移書讓太常博士注引補「六十四人」四個字。）謂子夏等撰集孔子春秋經之微言大義，以當作素王。論衡超奇：「孔子作春秋以示王意；然則孔子之春秋，素王之業也。」又定賢：「孔子不王；素王之業，在於春秋。」賈逵春秋序：「孔子覽史記，就是非之說，立素王之法。」（正義引）應劭曰：「孔子……制春秋之義，著素王之法。」（風俗通窮通）又曰：「孔子作春秋素王之文，以明示禮度之信而致麟。」（文選幽通賦李善注引）趙岐孟子滕文公下注：「孔子……作春秋，……設素王之法。」中論貴驗：「仲尼爲匹夫而稱素王。」晉盧欽公羊序：「孔子自因魯史記而脩春秋，制素王之道。」（正義引）亦皆以春秋經爲素王之法。孝經鉤命決：「（孔）子曰：吾作孝經，以素王無爵祿之賞、斧鉞之誅，與先王以託權。」（太平御覽卷六一〇載；康有爲孔子改制考卷八曰：「託先王以明權，此則孔子之自稱矣。」）則謂孔子自號素王，鄭玄六藝論從之，云：「孔子既西狩獲麟，自號素王，爲後世受命之君制明王之法。」（正義引）孔子未嘗自名素王（參見下正義）。素臣，有其德無其職之臣；若孔子爲素王，其弟子左丘明爲其臣，自是素臣矣，正義：「……彼子餘美孔子之深原上天之意，故爲此言耳（已見上文引家語），非是孔子自號爲素王。先儒蓋因此而謬（敏案：評鄭玄諸家。），遂言春秋立素王之法，左丘明述仲尼之道，故復以爲素臣。其言丘明爲素臣，未知誰所說也。」敏案：論語摘輔相：「子夏曰：『仲尼爲素王，顏淵爲司徒。』」（唐虞世南北堂書鈔卷五二）則作緯書者目顏淵爲素臣（有德無職之司徒）。論語讖當出於東漢，是丘明爲素臣說當在其後也。孔沖遠檢書未周。

黜周，廢黜周王；王魯，以魯爲新王也：此公羊家說。漢何休春秋文謚例（徐彥公羊傳疏引）曰：「三科九旨者，新周、故宋、以春秋當新王，此一科三旨也；……。」此即「存三統」。夫興滅國，繼絕世，乃新興王朝待舊王朝政策；史記孔子世家：「據魯，親周，故殷，運之三代。」據魯，以春秋當新王；新周，新近黜廢之周國；故宋，久已亡國之殷（敏案：宋，殷之後；宋謂殷。）也。殷、周、魯爲三代。正義：「黜周、王魯非公羊正文，推其意而致理耳。以杞是二王之後（敏案：杞國是夏後，宋國是殷後；二王之後，亡國之後也。此獨指杞言。），本爵爲上公，而經稱『杞伯』，以爲『孔子黜之』（敏案：公羊莊二七經「杞伯來朝」，傳：「杞，夏后，不稱『公』者，春秋黜杞，新周而故宋，以春秋當新王。黜而不稱『侯』者，方以『子』貶，起『伯』爲黜。」又僖二三經「杞子卒」，傳：「貶稱『子』者，春秋黜杞不明，故以其一等貶之，明本非『伯』，乃『公』也。」）。宣十六年（經）『成周宣榭火』，公羊傳曰：『外灾不書，此何以書？新周也。』其意言周爲王者之後，比宋爲新，緣此故謂春秋託王於魯，以周、宋爲二王之後，黜杞同於庶國。』何休隱元年注云：『唯王者然後改元立號，春秋託新王受命於魯。』宣十六年注云：『孔子以春秋當新王，上黜杞，下新周而故宋，黜周爲王者之後（敏案：此句孔氏取其大意，非原文。）。』是黜周王魯之說也。」論語憲問：「子曰：邦無道，危行言孫。」朱注：「危，高峻也。孫，卑順也。」孔子之言遜，由其春秋經記事頗出之以隱微之辭灼見，用避當世禍害，而定、哀兩朝特多，此公羊家說也。定元年公羊傳：「定、哀多微辭。」茲從何注徐疏考得五事：①公羊定元經：「元年，春王。」傳：「定無正月者，即位後也。」何注：「今無正月者，昭公出奔，國當絕，定公不得繼體奉正，故諱爲微辭，使若即位在正月後，故不書正月。」②定二經：「夏五月壬辰，雉門及兩觀災。……冬十月，新作雉門及兩觀。」傳：「其言新作之何？脩大也。脩舊不書，此何以書？譏。何譏爾？不務乎公室也。」何注：「務，勉也。不務公室，亦可施于久不脩，亦可施于不務始（敏案：疑當作治；元年傳徐彥疏引作如。）公室之禮，微辭也。」③定八經：「盜竊寶玉大弓。」傳：「寶者何？璋判白。」何注：「不言璋言玉者，起圭、璧、琮、璜、璋五玉盡亡之也。……定公失政，權移陪臣，拘其尊卿，喪其五玉，無以合信天子、交質諸侯，當絕之。不書拘季孫者，舉五玉爲重。書大弓者，使若都以國寶書，微辭也。」④哀十三經：「公會晉侯及吳子于黃池。」傳：「吳何以稱子？吳主會也。吳主會則曷爲先言晉侯，不與夷狄之主中國也。其言及吳子何？會兩伯之辭也。不與夷狄之主中國，則曷爲以會兩伯之辭言之？重吳也。曷爲重吳？吳在是則天下諸侯莫敢不至也。」何注：「以晉大國尚猶汲汲於吳，則知諸侯莫敢不至也。不書『諸侯』者，爲微辭。」⑤哀十四經：「春，西狩獲麟。」傳：「麟者仁獸也。有王者則至，無王者則不至。有以告者曰『有麕而角者』，孔子曰：『孰爲來哉！孰爲來哉！』」徐疏：「不言爲漢獲之者，微辭也。」又定元年傳徐疏：「獲麟……實爲聖漢將興之瑞，周家當滅之象，今經直言『獲麟』，不論此事，若以麟來周王更欲中興之兆，得謂之微辭也。」上述五事，若當事人——定公世之關涉人物及哀公本人讀春秋經，因「微辭隱旨」難明，則未知己之有罪，故定元年傳何休注曰：「……此孔子畏時君，上以諱尊隆恩，下以辟害容身，愼之至也。」題董仲舒春秋繁露楚莊王篇：「義不訕上，智不危身。故遠者以義諱，近者以智畏；畏與義兼則世逾近而言逾謹矣。此定、哀之所以微其辭。以故用則天下平，不用則安其身，春秋之道也。」據公羊家義例「所見異辭」，定、哀正仲尼所見之世，杜序述公羊者意謂春秋「以辟當時之害，故微其文，隱其義」，洵是也。

今與公羊傳共書之春秋經，杜氏稱之曰公羊經，漢志著錄「經今文十一卷」，經、傳竝始隱公元年止哀公十四年獲麟孔子絕筆，都二百四十二年事。而今與左傳共書之春秋經杜氏稱之曰左氏經，漢志著錄「春秋古經十二篇」，經、傳亦竝始隱公元年，唯所謂經則終於哀公十六年——孔子卒之年：此年「經」最末且記孔子卒，曰：「夏四月己丑，孔丘卒。」故左氏經比公羊經多哀十五、十六兩年記事文，即自「十有五年春王正月成叛至孔丘卒」，多凡九十四字。或者曷爲有此問，正義：「先儒或以爲麟後之經亦是孔子所書，故問其意之所安也。」杜以爲：經「西狩獲麟」，孔子絕筆於此一句，而雖此年下文尚有自「小邾射以句繹來奔」至「有星孛。饑」，乃孔子弟子續作，詳下注三十、三四。

答曰：「異乎余所聞，仲尼曰：『文王既沒，文不在茲乎！』此制作之本意也。歎曰：『鳳鳥不至，河不出圖，吾已矣夫！』蓋傷時王之政也。麟鳳五靈，王者之嘉瑞也。今麟出非其時，虛其應，而失其歸，此聖人所以爲感也。絕筆於『獲麟』之一句者，所感而起，固所以爲終也(三十)。」曰：「然則春秋何始於魯隱公？」答曰：「周平王，東周之始王也；隱公，讓國之賢君也。考乎其時則相接，言乎其位則列國，本乎其始則周公之祚胤也。若平王能祈天永命，紹開中興，隱公能弘宣祖業，光啓王室，則西周之美可尋，文武之迹不隊。是故因其歷數，附其行事，采周之舊，以會成王義，垂法將來。所書之王，即平王也；所用之歷，即周正也；所稱之公，即魯隱也。安在其黜周而王魯乎？子曰：『如有用我者，吾其爲東周乎？』此其義也(三一)。若夫制作之文，所以章往考來，情見乎辭；言高則旨遠，辭約則義微，此理之常、非隱之也。聖人包周身之防；既作之後，方復隱諱以辟患，非所聞也(三二)。子路欲使門人爲臣，孔子以爲『欺天』，而云仲尼素王、丘明素臣，又非通論也(三三)。先儒以爲制作三年，文成致麟，既已妖妄；又引經以至『仲尼卒』，亦又近誣。據公羊經止『獲麟』，而左氏『小邾射』不在『三叛』之數。故余以爲感麟而作，作起『獲麟』，則文止於所起，爲得其實。至於『反袂拭面』，稱『吾道窮』，亦無取焉(三四)。」（序文終）

以上末（第十二）段：杜氏五荅：一孔子脩春秋時節，二「黜周王魯」說非是，三春秋文微義隱，意在辟害容身說失之，四素王素臣說悖理，五「獲麟」以後經二百一十二字非孔子所脩。

【疏證】

(三十)**荅曰異乎**至**所以為終也**：此節荅上問作春秋之時際，並申孔子作春秋、左傳有明文之意。

「文王既沒」二句，論語子罕文。文，朱注：「道之顯者謂之文，蓋禮樂制度之謂。」二句，何晏集解：「孔曰：……言文王雖已死，其文見在此；此、（孔子）自謂其身。」論語此章下文：「天之將喪斯文也，後死者不得與於斯文也；天之未喪斯文也，匡人其如予何？」朱注：「馬氏曰：……言天若欲喪此文，則必不使我得與於此文；今我既得與於此文，則是天未欲喪此文也。」杜序此「文」，謂文王之道（正義），旨同朱注。今天既未欲喪文王之道，必使後死者——孔子作春秋以爲萬世法範，故杜序云「此制作之本意也」。杜謂孔子畏於匡在定公十五年（史記世家），爾時已有作春秋意，非感麟乃生制作之意也。

「鳳鳥」三句，亦子罕文。曰河圖，尚書顧命：「河圖在東序。」爲玉石，周家列爲國寶。物出於黃河，周易繫辭上傳：「河出圖，洛出書，聖人則之。」曰鳳鳥，與河圖皆爲符瑞

（參見下文），有聖君出則至。今二者不至，是君不聖明，故杜曰孔子「蓋傷時王之政也」」。正義探杜作文之意曰：「（孔子）先有制作之意，而恨時無嘉瑞。明是既得嘉瑞即便制作。杜欲明得麟乃作，故先表此二句。」　麟鳳五靈：麟，見哀十四春秋經。鳳，見論語子罕（方見上文）。龍，說文：「鱗蟲之長，能幽能明，能細能巨，能短能長。春分而登天，秋分而潛淵。」龜，尚書大誥：「寧王遺我大寶龜。」以上四靈，吾人所習知者。另一靈物，正義以爲白虎：「詩序曰：『麟趾，關雎之應；騶虞，鵲巢之應。』騶虞即白虎也。」杜五靈說殆本漢左傳家，左昭二九「龍水物也」云云，正義曰：「漢氏先儒說左氏者皆以爲五靈配五方：龍屬木（東）、鳳屬火（南）、麟爲土（中央）、白虎屬金（西）、神龜屬水（北）。」五靈爲祥瑞，應聖王而見世。但「今麟出於衰亂之世，是『非其時』也；上無明王，是『虛其應』也；爲人所獲，是『失其歸』也。夫此聖人而生非其時，道無所行，功無所濟，與麟相類，故『所以爲感』也。」先有作春秋之意，今爲外物所感，又知道終不可行，思垂文以功被來世，春秋於是乎作矣。　「絕筆」以下三句：春秋經哀公：「十有四年春，西狩獲麟。」公穀竝同杜注：「麟者，仁獸，聖王之嘉瑞也；時無明王出而遇獲。仲尼傷周道之不興，感嘉瑞之無應，故因魯春秋而脩中興之教，絕筆於『獲麟』之一句——所感而作，固所以爲終也。」因見「獲麟」而作春秋，亦即用「獲麟」一句爲全書之終，正義：「春秋編年之書，不待年終而絕筆於『獲麟』之一句者，本以所感而作，故所以用此爲終也。」考左氏經在哀十四年卷內「獲麟」句下尚有自「小邾射以句繹來奔」等共一百一十八字，（公穀經竝止於「西狩獲麟」句，而無「小邾」云云以下文。）杜注言此諸字及哀十五、十六經共九十四字之由來曰：「射，小邾大夫；句繹，地名。春秋止於『獲麟』，故射不在『三叛人』之數。自此以下至十六年，皆魯史記之文，弟子欲存『孔子卒』，故并錄以續孔子之經。」杜注以爲：邾庶其、黑肱及莒牟夷皆以其邑來奔魯，春秋經書之，左傳皆以爲叛人者，述仲尼褒貶之意也（參見上注二十）。今小邾射亦以其邑來奔，罪與三叛人等，而左傳不書其叛人者，因「小邾射以句繹來奔」非仲尼所修之經，無夫子褒貶之意，故左傳無緣計其入叛人之數，正義：「此文與邾庶其、黑肱、莒牟夷文同，知射是小邾大夫，以句繹之地來奔魯也。其事既同，其罪亦等。傳稱庶其等爲三叛人、不通數此爲四叛人者，以春秋之經止於『獲麟』，『獲麟』以上褒貶是仲尼之意，此雖文與彼同，而事非孔意，故不數也。」——此荅或者「公羊經止『獲麟』，而左氏經終『孔丘卒』」之問。（參看下注三四）

(三三)**曰然則春秋**至**此其義也**：此節荅問，首明春秋「始隱」之義，遂證公羊「黜周王魯」說非。曰，前「或曰」之省略，正義：「不復言『或』，欲示二『問』共是一人故也。」此稱魯隱公者，正義：「問者不直云『隱公』而言『魯隱公』者，言『魯』，決其不始於他國，言『隱』、決其不始於餘公。挾此二意，故幷『魯』言之也。」 周武王克殷一天下，都鎬，成王因之。周公攝政第七年，營東都於雒邑。至幽王子宜臼，是爲周平王，東遷於雒邑避戎寇，是爲東周，而平王爲始王（參看尚書召誥、洛誥及史記周本紀、魯世家）。魯隱公名息姑，惠公子也。言其賢而讓國者，隱元左傳：「惠公元妃孟子。孟子卒，繼室以聲子生隱公。宋武公生仲子，仲子生而有文在其手，曰『爲魯夫人』，故仲子歸于我。生桓公而惠公薨，是以隱公立而奉之。」杜注：「隱公，繼室之子，當嗣世。以禎祥之故，追成父志，爲桓尚少，是以立爲太子，帥國人奉之。」隱公在位十一年，攝君政，欲俟桓公成長而還授之，左隱元年傳：「不書即位，攝也。」杜注：「假攝君政，不脩即位之禮，故史不書於策傳。」釋例詳之曰：「隱既繼室之子，於第應立，而尋父娶仲子之意，委位以讓桓。天子既已定之，諸侯既已正之，國人既已君之，而隱終有推國授桓之心，所以不行即位之禮也。」（正義引）隱公還讓之心，亦見左隱十一傳：「羽父請殺桓公，將以求大宰，公曰：『爲其少故也，吾將授之矣。使營菟裘，吾將老焉。』」 平王、隱公時相接，謂終與始年歲大致銜接也，正義：「隱公之初，當平王之末，是相接也。」又曰：「平王四十九年而隱公即位，隱公三年而平王崩，是其相接也。」（從來論春秋始隱者甚多，本文旨在解杜序，故不遑論引。）魯國，侯爵，或稱公，始封於今河南魯山縣，後徙封今山東曲阜，國號仍魯，春秋時爲東方大國，故曰「其位則列國」。周公子伯禽封於魯，居曲阜（參看春秋大事表譔異頁二〇—二三）。隱公，伯禽之裔孫，亦周公之胤也。祚胤，殆古成語，出詩經大雅既醉「永錫祚胤」，此言受天福佑之後代。　祈天永命：語兩見尚書召誥召公曰：「王其德之用，祈天永命。」又曰：「我非敢勤，惟恭奉幣、用供王，能祈天永命。」行德政於民，即所以祈求上天久永其國祚也。杜意實如此。正義謂「永命」爲「長壽」，恐泥。　光啓：語本左襄十傳向戌曰：「君若猶辱鎭撫宋國，而以偪陽光啓寡君，……」光，讀爲尙書堯典「光被四表」之光，廣也。光啓，開拓周家疆土也。文武之迹不隊，語出論語子張篇子貢曰：「文武之道，未墜於地，在人。」紹開中興之功、光啓王室之業，平王、隱公可致而竟未及者，正義曰：「……而平王、隱公居得致之地，有得致之資，而竟不能然，只爲無法故也。」職是之故，孔子爲制作義法。　采周之舊，垂法將來：意猶上文仲尼「上以遵周公之遺制，下以明將來之法」（已詳注十）。而又云仲尼作春秋「會成王義」者，正義：「春秋所書，尊卑盡備，『王使來聘』敏案：如隱七經「天王使凡伯來聘」、桓八經「天王使家父來聘」，類此者甚多。、『錫命賵含』敏案：如隱元經「天王使宰咺來歸惠公、仲子之賵」、文五經「王使榮叔歸含且賵」。，有天子撫邦國之義；『公如京師』敏案：成十三經「三月，公如京師」。、『拜賜、會葬』敏案：拜賜—天王有賜，諸侯拜受，經未顯見，傳有之，左僖九：「王使宰孔賜齊侯胙。……

齊侯將下拜，孔曰：『且有後命：天子使孔曰「以伯舅耋老，加勞賜一級，無下拜」。』對曰：『天威不違顏咫尺，小白余敢貪天子之命，無下拜？恐隕越于下，遺天子羞，敢不下拜。』下拜，登受。」會葬一文元經：「天王使叔服來會葬。」左傳：「王使內史叔服來會葬。」公羊傳：「其言來會葬何？會葬，禮也。」經杜注：「諸侯喪，天子使大夫會葬，禮也。」，有諸侯事王者之法。雖據魯史爲文，足成王者之義也。以其會成王義，故得垂法將來；將使天子法而用之，非獨遺將來諸侯也。」自「始隱」發義，更明作春秋深意，而下文言「黜周王魯」之非，於此概見矣。

「平王、周正、魯隱、黜周」云云四句，正義：「經書『春王正月』，『王』即周平王也敏案：春秋經（盡哀十四年）書「春王正月」凡九十餘次，但自隱四年以後若書「春王正月」，其「王」則非平王矣。，『月』即周正也敏案：隱元年經「春王正月」杜注：「隱公之始年，周王之正月也。」；『公及邾儀父』隱元，『公』即魯隱公也。」魯奉周天子正朔，隱元年經「元年春王正月」楊注：「魯爲周最親近之國，或者奉周曆唯謹。自隱公迄哀公歷十二公二百四十二年，皆用王正，甚至哀公十二年經僅云『春用田賦』，傳必申明之曰『春王正月用田賦』。」觀春秋尊周王、行周曆、稱魯公，知公羊者新周故宋以春秋當新王說非也，正義：「……魯用周正，則魯事周矣。天子稱王、諸侯稱公；魯尚稱公，則號不改矣。春秋之文安在黜周王魯乎？若黜周王魯，則魯宜稱王、周宜稱公；此言周王而魯公，知非黜周而王魯也。」用我、東周二句，出論語陽貨：「公山弗擾以費畔，召，子欲往。子路不說曰：『末之也已！何必公山氏之之也！』子曰：『夫召我者，而豈徒哉？如有用我者，吾其爲東周乎？』」（清崔述洙泗考信錄卷二辨此記載不可信）正義撰杜序用此文之意曰：「如其能用我言者，吾其爲東方之周乎？言將欲興周道於東方也。原其此意，知非黜周，故云『此其興周之義也』。」爲東周，說爲「興周道於東方」，何晏集解文，朱注同。一說爲孔子欲復文武之治於東國——費，清劉寶楠正義：「史記孔子世家：『……公山不狃以費畔季氏，使人召孔子。孔子……曰：蓋周文武起豐鎬，今費雖小，儻庶幾乎？』……是孔子欲以費復西周文武之治。此當出安國『故』也。鹽鐵論褒賢篇：『孔子曰：「如有用我者，吾其爲東周乎？」庶幾成湯文武之功，爲百姓除殘去賊，豈貪祿樂位哉！』亦據文武爲孔子欲復西周，而兼言成湯。此皆古論家說。」若遵此說，頗合公羊「據魯，新周」之旨，飜爲杜序病矣。

(二十)**若夫制作**至**非所聞也**：公羊家以爲孔子遜言避害，故作春秋文微而義隱。此節荅其意。情見乎辭，自周易繫辭下傳「聖人之情見乎辭」來；章往考來，則更改繫下子曰「夫易彰往而察來」以成；言高則旨遠、辭約則義微，錯綜繫下同章子曰「……而微顯闡幽。……其旨遠，其辭文（讀去聲）」爲義。是杜以所謂孔子說易文移以證春秋耳。正義通言此節大意曰：「若夫聖人制作之文，所以章明已往、考校方來，欲使將來之人鑒見既往之事。聖人之情見乎文辭：若使發語卑雜，則情趣瑣近；立言高簡，則旨意遠大；章句煩多，則事情易顯；文辭約少，則義趣微略：此乃理之常事，非故隱之也。」「聖人包周身」四句，重申仲尼無遜言以避患之意。文理未暢，不盡可曉，姑取正義之說：「……自古聖人幽囚困厄則嘗有之，未聞有被殺害者也。包周身之防者，謂聖人防慮必周於身，自知無患，方始作之；既作之後，方復隱諱以辟患害，此事實非所聞也。非所聞者，言前訓未之有也。」

（三三）**子路欲使**至**非通論也**：此節荅辯「素王、素臣」之說非。　子路使門人二句，事詳論語子罕：「子疾病，子路使門人爲臣。病閒，曰：『久矣哉！由之行詐也，無臣而爲有臣。吾誰欺？欺天乎！且予與其死於臣之手也，無寧死於二三子之手乎！且予縱不得大葬，予死於道路乎！』」孔子嘗爲大夫，時已去位，無復有家臣。子路欲尊榮夫子，將行大夫葬禮，故使門人假爲家臣治喪事。及夫子病少瘳，起責子路不應僭禮，且明平生不欺之意（參酌朱注、劉氏正義）。自號素王，僭禮欺天之大者也，仲尼必不爲；左丘明即爲其徒，亦必不爲素臣，夫子亦必不許其僭斯號。正義中杜曰：「……子路使門人爲臣，纔僭大夫禮耳，孔子尚以爲欺天，況神器之重，非人臣所議，而云『仲尼爲素王，丘明爲素臣』，又非通理之論也。……道爲升降，自由聖與不聖；言之立否，乃關賢與不賢。非復假大位以宣風，藉虛名以範世。稱王稱臣，復何所取？若使無位無人，虛稱王號，不爵不祿，妄竊臣名，是則羨富貴而恥貧賤，長僭踰而開亂逆。聖人立教，直（阮元校：宋本直作宜。）當爾也？臧文仲山節藻梲，謂之不知（敏案：論語公冶長。）；管仲鏤簋朱紘（禮記禮器），稱其器小（論語八佾）；見季氏舞八佾，云『孰不可忍』（上同。）若仲尼之竊王號，則罪不容誅，而言『素王、素臣』，是誣大賢而負聖人也。嗚呼！孔子被誣久矣，賴杜預方始雪之。」

㉞**先儒以為**至**亦無取焉**（序終卷）：此節言「獲麟」以後之經凡二百一十二字非孔子所脩，而其中「反袂拭面下泣」，虛誕不經。「先儒」云云，正義：「直言先儒，無可尋檢，未審是誰先生此意。」最早倡說者，孔疏云無可考。第余考前漢劉向已有類似之說，說苑至公篇：「夫子行說七十諸侯，無定處，意欲使天下之民各得其所，而道不行。退而脩春秋，采毫毛之善，貶纖介之惡。人事浹，王道備。精和聖制，上通於天而麟至。」向治春秋主穀梁，此殆穀梁家說也。少後，陳欽（字子佚，蒼梧廣信人。習左氏，與劉歆同時，授左氏予王莽，為莽厭難將軍。自名其學為陳氏春秋：漢書儒林傳、後漢書陳元傳。）亦持「孔子作春秋致麟」之說，正義：「奉德侯陳欽說：麟，西方毛蟲，金精也。孔子作春秋，有立言；兌為口，故麟來。」（此條馬國翰、嚴可均、黃奭、王謨四家輯本皆未錄收。）考陳氏以為：麟為西方之獸，五行金位西，故麟是金精。云兌為口，周易說卦傳：「兌……為口舌。」又為西方卦，說卦傳：「說言乎兌。……兌，正秋也，萬物之所說也，故曰『說言乎兌』。」正義曰：

「（兌）位是西方之卦，斗柄指西，是正秋八月也。」則云孔子立言作春秋而麟西方獸來應，據易傳言也。及後漢，賈氏說同而益詳，而服、潁從之，正義曰：「賈逵、服虔、潁容皆以爲孔子自衞反魯，考正禮樂，脩春秋，約以周禮，三年文成致麟，麟感而至。取龍爲水物，故以爲脩母致子之應。」杜序正義引服虔云：「夫子以哀十一年自衞反魯敏案：參見上注二九。而作春秋，約之以禮，故有麟應而至。」（前乎賈、服，至少劉、陳先已有說，故正義謂服氏「是宗舊說也」）脩母致子之應、約禮而致麟至者，服虔曰：「麟，中央土獸敏案：參見上注三十。土爲信，信、禮之子；脩其母，致其子。視明禮脩而麟至，思睿信立而白虎擾，言從父成而神龜在沼，聽聰知正則名川出龍，貌恭性仁則鳳皇來儀。」（禮記禮運「何謂四靈」云云引其左傳「獲麟」注；優、父、性，詩經麟之趾正義引作擾、乂、體）敏案：孔子哀十一年冬自衞返魯，獲麟在十四年春，歷時三足年；賈等「三年文成致麟」，依此推得。尚書洪範「貌、言、視、聽、思五事」，鄭玄曰：「五行傳曰：貌屬木、言屬金、視屬火、聽屬水、思屬土。」（尚書疏引）以五行、五方、五常、五事相配，漢書天文志：「東方春木，於人五常仁也，五事貌也。……南方夏火，禮也，視也。……西方秋金，義也，言也。……北方冬水，知也，聽也。……中央季夏土，信也，思心也。」從洪範五事及鄭注與漢書天文志說以釋上引服虔注左，麟爲中央土獸爲信爲思，其母鳳爲南方鳥爲禮爲視；視明即是禮明（∥禮脩），禮脩亦即母脩；母脩而子至，固亦禮脩而麟至也，故賈逵曰「孔子脩春秋，約以周禮，文成，麟感而至」，服虔曰「孔子作春秋，約之以禮，故有麟應而至」。別有一釋「脩母致子」者兩條，結論亦同，左昭二九傳正義曰：「漢氏先儒說左氏者皆以爲：……鳳屬火、麟爲土、……。五行之次，……火生土、……。王者脩其母則致其子，……火官脩則麟至，……。故爲其說云『視明禮脩而麟至，……』：皆脩其母而致其子也。」又哀十四經正義曰：「說左氏者云：『麟生於火而遊於土，中央軒轅大角之獸。孔子作春秋，春秋者，禮也，脩火德以致其子，故麟來而爲孔子瑞也。」上列劉、陳、賈、服、潁諸氏說，莫不藉五行學人神相感；而五行與讖緯，神秘荒誕，一體不可畫分，余疑是即春秋致麟說所出，故杜序斥爲「妖妄」也。　引春秋經以至哀十六年「孔丘卒」之先儒，非賈逵，因：哀十四經「小邾射以句繹來奔」下，賈逵注曰：「此下弟子所記」（正義引）；亦非服虔，因：服虔云：「春秋終於『獲麟』，故『小邾射』不在『三叛人』中也。弟子欲明夫子作春秋以顯其師，故書『小邾射』以下至『孔子卒』。」（杜序正義引）釋文亦謂「小邾射」以下爲弟子所續，但云採魯史以續者，其於「孔丘卒」下曰：「孔子作春秋，終於『獲麟』之一句。……弟子欲記聖師之卒，故採魯史記以續夫子之經而終於此。」杜注以自「小邾射」以下至「孔子卒」凡二百一十二字皆弟子據魯史以續者，取服虔爲說也（杜序正義）。（參看上注二九、三十） 據公羊經止「獲麟」，正義：「穀梁之經亦止『獲麟』，而獨據公羊者，春秋之作，穀梁無明文（敏案：詳上注二九；上文亦獨言「公羊經止『獲麟』」，而不及穀梁。），杜以「獲麟」乃作、義取公羊，故獨據之耳。」「小邾射」不在三叛之數，已詳注三十，而正義復於此申杜意曰：「『小邾射以句繹來奔』與『黑肱』之徒義無以異，傳稱『書三叛人名』，不通數此人以爲四叛，知其不入傳例；『麟』下之經，傳不入例，足知此經非復孔旨。」「感麟而作」云云四句，義同上文「絕筆於『獲麟』之一句者」以下三句，詳上注三十疏證。 「反袂拭面」二句，出公羊傳，哀十四經「春，西狩獲麟」，傳：「何以書？記異也。何異爾？非中國之獸也。然則孰狩之？薪采者也。薪采者則微者也，曷爲以『狩』言之？大之也。曷爲大之？爲獲麟大之也。曷爲爲獲麟大之？麟者、仁獸也，有王者則至，無王者則不至。有以告者曰『有麕而角者』，孔子曰：『孰爲來哉！孰爲來哉！』反袂拭面涕沾袍。顏淵死，子曰：『噫！天喪予！』子路死，子曰：『噫！天祝予！』西狩獲麟，孔子曰：『吾道窮矣！』」敏案：薪采者獲麟，左傳記事則異，「十四年春，西狩於大野，叔孫氏之車子鉏商獲麟。以爲不祥，以賜虞人。」（史記孔子世家用此說）是狩者魯哀公，合何注「天子、諸侯乃言狩，天王狩于河陽，公狩于郎」之禮；即或不爾，狩者爲叔孫氏，其車子適獲麟，非「微者采薪人」也。夫薪采者，樵子也，樵蘇於野適獲麟，非爲狩也，故依公羊傳言之，「當時實無狩者，爲大麟而稱『狩』也。」（左傳正義）則經言「狩」本無深義，公羊張大其辭也。何注孔子涕泣故，曰：「夫子素案圖錄，知庶姓劉季當代周。見薪采者獲麟，知爲其出。……夫子知其將有六國爭彊、從橫相滅之敗，秦項驅除、積骨流血之虞，然後劉氏乃帝。深閔民之離害甚久，故豫泣也。」以圖讖說經，繆悠荒唐，已不可從；又因下文淵、由死夫子歎「天喪」云云，注云：「天生顏淵、子路爲夫子輔佐皆死者，天將亡夫子之証。」前注夫子以生民罹害故泣，至此——西狩獲麟，孔子曰「吾道窮矣」，則注曰：「麟者、太平之符，聖人之類，時得麟而死敏案：論衡指瑞篇：「春秋曰：『西狩獲死麟。』人以示孔子。」是王充所見春秋經古本「麟」爲「死麟」。此亦天告夫子將歿之說，故云爾。」則夫子以將死畏而泣矣。晚作之孔叢子記問篇，殆即用其注，云：「叔孫氏之車卒曰子鉏商，樵於野而獲獸焉，……棄之五父之衢。……子曰：『天子布德，將致太平，則麟鳳龜龍先爲之祥。今宗周將滅，天下無主。孰爲來哉！』遂泣曰：『予之於人，猶麟之於獸也；麟出而死，吾道窮矣！』」是孔子見麟死知己亦將死，而其道亦盡於此，故泣耳。杜不取「反袂」二句者，一以爲「獲麟」以後，經之所無，故傳不可信；一以爲聖人畏死泣下之說悖理，正義中杜曰：「公羊傳稱孔子聞獲麟，反袂拭面涕沾袍曰『吾道窮矣』！杜既取公羊經止『獲麟』，而公羊『獲麟』之下即有此傳，嫌其幷亦取之，故云『亦無取焉』。不取之者，以聖人盡性窮神，樂天知命，生而不喜，死而不慼。困於陳蔡，則援琴而歌；夢奠兩楹，則負杖而詠。寧復畏懼死亡，下『沾衿』之泣？愛惜性命，發『道窮』之歎？若實如是，何異凡夫俗人，而得稱爲聖也？公羊之書，鄉曲小辯，致遠恐泥，故無取焉。」（疏證終卷）

（本文承　張以仁先生惠閱，多所匡正，敬誌謝忱於此。　民國八十年七月程元敏謹記）

引用書要目

周易注疏　魏王　弼、晉韓康伯注　唐孔穎達疏　臺北藝文印書館影印清嘉慶二十年南昌府學重刊宋本

周禮注疏　漢鄭　玄注　唐賈公彥疏　同上

禮記注疏　漢鄭　玄注　唐孔穎達疏　同上

春秋左傳注疏　晉杜　預注　唐孔穎達疏　同上

春秋正義　唐孔穎達　日本昭和六年東方文化學院影印正宗寺舊鈔單疏本

唐石經春秋左氏傳　臺北藝文印書館影印張氏皕忍堂刊本

春秋公羊傳注疏　漢何　休解詁　題唐徐　彥疏　同周易注疏

春秋穀梁傳注疏　晉范　甯集解　唐楊士勛疏　同周易注疏

論語正義　魏何　晏集解　清劉寶楠正義　臺北中華書局四部備要本

孟子注疏　漢趙　岐注　題宋孫　奭疏　同周易注疏

春秋釋例　晉杜　預　臺北中華書局影印古經解彙函本

經典釋文　唐陸德明　臺北大通書局影印通志堂經解本

經義雜記　清臧　琳　臺北藝文印書館影印皇清經解本

春秋左傳補疏　清焦　循　同上

公羊何氏釋例　清劉逢祿　同上

穀梁釋例　清許桂林　臺北藝文印書館影印皇清經解續編本

左傳舊疏考正　清劉文淇　同上

穀梁補注　清鍾文烝　同上

春秋左傳賈服注輯述　清李貽德　同上

左傳古本分年考　清俞　樾　在曲園雜纂卷十四，春在堂全書本

左氏春秋義例辨　民國陳　槃　中央研究院歷史語言研究所專刊，民國三十六年排印本

春秋左氏傳杜注釋例　民國葉政欣　嘉新文化基金會民國五十五年排印本

春秋大事表列國爵姓及存滅表譔異　民國陳　槃　中央研究院歷史語言研究所專刊，民國五十八年排印本

春秋辨例　民國戴君仁　在戴靜山先生全集內，民國六十九年重校影印本

從司馬遷的意見看左丘明與國語的關係　民國張以仁　中央研究院歷史語言研究所集刊第五

十二本第四分，民國七十年排印本
春秋左傳注　民國楊伯峻　高雄復文出版社據排印本影印本，民國七十五年
左傳古本說　民國楊向奎　在論左傳之性質及其與國語之關係上篇四，繹史齋學術論文集，
　上海人民出版社，一九八三年
史記　漢司馬遷　臺北藝文印書館影印日本瀧川資言史記會注考證本
漢書　漢班　固　臺北藝文印書館影印清光緒長沙王氏校刊漢書補注本
後漢書　南朝宋范　曄　臺北藝文印書館影印清長沙王氏校刊後漢書集解本
晉書　唐房玄齡　臺北藝文印書館影印清吳士鑑注原刻本
宋書　梁沈　約　臺北藝文印書館影印清乾隆武英殿刊本
南史　唐李延壽　同上
北史　唐李延壽　同上
隋書　唐魏　徵　同上
後漢藝文志　清姚振宗　臺灣開明書店排印二十五史補編本
三國藝文志　清姚振宗　同上
隋書經籍志考證　清姚振宗　同上

周代史官研究　民國席涵靜　臺北福記文化圖書有限公司，民國七十二年初版
論衡　漢王　充　臺灣商務印書館據胡適校閱本影印本，民國七十二年出版
漢魏遺書鈔　清王　謨　臺北大化書局影印金谿王氏鈔本
玉函山房輯佚書　清馬國翰　臺北文海出版社影印清同治補刊本
黃氏逸書考　清黃　奭　日本中文出版社影印本

國家圖書館出版品預行編目資料

春秋左氏經傳集解序疏證

程元敏著. – 初版. – 臺北市：臺灣學生，1991
面；公分
參考書目：面

ISBN 978-957-15-0254-0(平裝)

1. 左傳 – 註釋

621.732 80002698

春秋左氏經傳集解序疏證

著作者 程元敏
出版者 臺灣學生書局有限公司
發行人 楊雲龍
發行所 臺灣學生書局有限公司
地址 臺北市和平東路一段 75 巷 11 號
劃撥帳號 00024668
電話 (02)23928185
傳真 (02)23928105
E-mail student.book@msa.hinet.net
網址 www.studentbook.com.tw
登記證字號 行政院新聞局局版北市業字第玖捌壹號
定價 新臺幣一八〇元

一九九一年八月初版
二〇一一年四月初版二刷

09501

ISBN 978-957-15-0254-0 (平裝)